感动教育
点燃心灵

【印尼】陈文权　著

清华大学出版社
北　京

北京市版权局著作权合同登记号　图字：01-2018-8793

图书在版编目（CIP）数据

感动教育　点燃心灵 / (印尼) 陈文权著. — 北京：清华大学出版社，2019（2019.8重印）
ISBN 978-7-302-52364-2

Ⅰ. ①感…　Ⅱ. ①陈…　Ⅲ. ①教育—研究　Ⅳ. ① G4

中国版本图书馆 CIP 数据核字（2019）第 039032 号

责任编辑：张立红
封面设计：梁　洁
版式设计：方加青
责任校对：郭熙凤
责任印制：杨　艳

出版发行：清华大学出版社
网　　址：http://www.tup.com.cn，http://www.wqbook.com
地　　址：北京清华大学学研大厦 A 座　　邮　　编：100084
社 总 机：010-62770175　　邮　　购：010-62786544
投稿与读者服务：010-62776969，c-service@tup.tsinghua.edu.cn
质 量 反 馈：010-62772015，zhiliang@tup.tsinghua.edu.cn
印 装 者：北京嘉实印刷有限公司
经　　销：全国新华书店
开　　本：148mm×210mm　　印　　张：8.75　　字　　数：154 千字
版　　次：2019 年 5 月第 1 版　　印　　次：2019 年 8 月第 2 次印刷
定　　价：48.00 元

产品编号：074665-01

写在《感动教育　点燃心灵》出版之时

初识陈文权先生是2015年，在北京的一个国际教育研讨会上。会议期间听到了陈先生关于教育和教学的一些思想，我很受启发，于是就有了将陈文权先生的教学思想引入中国的冲动。经过与清华大学出版社联系，得到了张立红老师的鼎力支持，如今这本著作即将出版，我感到非常高兴。

陈文权先生是日本早稻田大学国际学术院（国际教养学部）教授，曾先后在日本获得东京工业大学工学博士、东北大学医学博士、东京理科大学药学博士和早稻田大学教育学博士。公认的，在日本取得博士学位是非常难的，可是陈文权先生却在四个跨度很大的学科和领域取得了四个博士学位。同时，陈文权先生还获得美国超声波医学会院士、美国声学学会院士和日本超声波医学会院士。由此我们可以看到陈文权先生的研究水平、研究能力、治学态度和刻苦钻研的精神以及非常人可以比肩的丰硕的学术成果。正因如此，陈文权先生的学生背后以“四博士”或者“三院士”称呼他。

陈文权先生是出生在印度尼西亚的华裔。由于他的教学思想和方法深受日本和印度尼西亚的欢迎，因此在日本有人称他为“当今孔子式的人物”，在印度尼西亚也对他评价很高。近年，中国新闻社对陈文权先生进行了专访，并刊登了有关其教学事迹的专题文章，《感动与爱心是教育的最高境界》《朽木可雕也》（参考本书第十章）。多年来，陈文权先生无论是在美国生活，还是在日本工作，他始终没有忘记自己的华人血脉。陈文权先生一直希望能把自己创立，并已在美国、欧盟以及亚洲的日本和印度尼西亚等国践行了30年之久的“陈文权教育法”，与故乡的同道分享，以惠及更多学人。

陈文权先生在书中提到的、存在于日本大学教学中的问题，诸如：教师“对教书不够重视、缺乏激情”、教师“只侧重于部分学生而没有以真心教育全部学生”、“科研优先于教书”、“知识主义”、“利己主义”以及“严进宽出”等问题，在中国的大学教育教学中也都不同程度地存在着。

对于大学教育而言，“陈文权教育法”以其近30年的教学经验和实践，呼吁教师从自身出发反思教学中存在的类似问题，唤起教师对于“教书”和“育人”，特别是“育人”的重视，给无数高校教师敲响警钟。通过阅读《感动教育　点燃心灵》，读者们可能会找到解决类似问题的方法。

对于学生而言，“陈文权教育法”有益于提高学生的综合素质，培养学生的情商以帮助他们更好地适应社会，可以激发学生的学习热情，提高学生的学习自主性，帮助学生保持学习的内在动力，让学生深切体会到学习的乐趣。“陈文权教育法”无论在大学期间，还是在人的一生中，都有着积极向上的影响。

对于社会而言，“陈文权教育法”有助于培养出一批集知识、技能、综合素质为一身的学员，为社会发展提供不可或缺的人才，因此也引起社会各界的关注。

我相信，如果有更多的教师、学生和学员能够接触到“陈文权教育法”和与此教育法类似的教育理念或教育模式，将会对中国的教育教学改革提供更好的参考和起到更大的推动作用。希望阅读本书的读者们，能够从陈文权先生真挚而又充满热情的叙述中收获感动，汲取有益的养分。

值此《感动教育　点燃心灵》出版之时，我由衷地祝贺陈文权先生，同时感谢张立红老师！

清华大学教授　林华

2018 年 10 月 31 日

谈陈文权法

我来自内蒙古包头，从小喜好诗歌文学，因偏科，高考成绩不佳，勉强上了大学，毕业后被分配到一所中学教英语。邓小平南方谈话，吸引了很多外资企业来华投资。我决定南下广东，投身改革开放最前沿。后来我去了英国留学，又辗转来到日本。身处异国他乡，无社会关系，遇事左右无援，经历了许多风雨。

一次偶然的机会，我在东京的“亚洲人”学习会上，聆听了早稻田大学国际教养学部陈文权教授的演讲。陈教授对教育的满腔热忱和他的高贵品格以及永不放弃的精神深深地打动了我。当时我正在早稻田大学留学，不久荣幸地成为他的助教。

陈文权教授是印尼华人，1974 年来日本求学，先后取得了工学、医学、药学和教育学的博士学位。在医药学领域，他研究发明了超声波造影剂，取得日本数十项以及美国两项专利。在教育领域，陈教授创立了“互动式课堂运营管理法”（IOC，Interactive Operation Control），研究并实践如何提升学生学习动力和修养的教学方法。媒体和学生把陈文权教育法称为“陈文权法”（STM：Soetanto Method），把其教学效果称为“陈文权效果”（STE：Soetanto Effect）。

我在陈教授的教室目睹了许多学生发生翻天覆地的变化。

有位学生阿部从地方来到东京，一开始学习劲头十足，但受沉迷于课外活动、混学分的大环境影响，迷失了方向，找不到上大学的意义，差点退学。偶然选修了陈文权教授的“亚洲教育”课，阿部认识到失去学习动力是日本高校的普遍弊端。陈教授试图变革日本高等教育现状的决心和行为激发了他作亚洲教育比较的学习热情，每天一下课，阿部就到图书馆查找资料，如饥似渴地学习，论证大学教育发展的方向。他还给早稻田大学校方写信，阐述自己对高等教育的看法，描绘出早稻田大学建校150周年的教育蓝图。后来，阿部成功通过赴英的严格审查，成为伦敦大学的交换学生。

有位来自加拿大的交换学生林，惊讶地发现与母校相比，日本的大学教授如此“手松”，几乎所有课程她不需十分努力就拿A＋，因此失去学习动力，经常在课堂上睡大觉。坦白地讲，唯有上陈文权教授的课她全无困意，每堂课都有感动和收获。不知不觉，她的学习热情得到提升，做研究、写论文，乐此不疲，开始追求人生的更高境界。

这样的事例层出不穷。

陈文权教育法的一大特点是发现并提升学生潜力。大学里师生面对面的交流机会很有限，陈文权教授设法与学生建立多种沟通渠道。除了关注每个学生课堂上的反应，还认真阅读学生每堂课结束时写的“5 行感想文”，每周“400 字的自命题作文”等，试图从字里行间发现学生的兴趣爱好、特长和潜力，以便给他们提供发挥潜力的舞台和机会，培养他们的感恩之心和利他情操。陈文权教授为每个学生的成长进步而欣喜，为学生浪费青春而痛心。

陈文权教育法的另一大特点是教学中特意穿插一些杂谈，很多是他的亲身体验，不光有趣，而且震撼心灵，营造相互信赖的课堂气氛。每学期还留出一定时间，让每个学生站到讲台上讲述自己的真实故事，使同学们从故事中或吸取教训，或获得自信。

陈文权教育法还有很多。比如“21 天法则”（通过反复操练，形成新的习惯）、“脱稿发表”（学生发言前充分练习，发言时不看文稿，用自己的语言表达）、“榜样的力量”（找到自己的学习榜样，研究并模仿其成功经验）、“内在动力”（忘却一切，乐在其中)，等等。这些方法浅显易懂，行之有效。很多学生在实践陈文权法的过程中增强了自制力和对局面的掌控能力，从而增加了自信，取得了良好的陈文权效果。

听过陈文权教授课的人，无论过去了多少年，都能想起他饱含激情的话语。下面介绍几句我喜欢的陈文权语录。

“There is no greatness without suffering.”（不吃苦就不会取得伟大成就）

“God of chance has no back hair.”（机会之神只长刘海）

“Be a learner，be a challenger.”（做一名学习者和挑战者）

“Everyone has potential.”（每个人都有潜质）

“Find your red envelope.”（找到您的红信封）

“Never give up.”（永不放弃）

“Give，give，and give.”（给予，给予，再给予）

“Realization of others.”（帮助他人实现）

“Take difficulties as the spring board for breakthrough.”（把困难视为飞跃的跳板）

我自认为这些年走了许多弯路，吃了不少苦头，感慨在国外获得周围人的认可多么困难。陈文权教授23岁来日本后刻苦钻研的奋斗历程，试图改革日本高等教育弊端付出的努力，以及感恩利他的高贵品格深深地感动了我，使我意识到我经历的困难挫折其实不算什么。陈文权教授给了我由“消极心态”转变为“积极心态”的最好机会。我以陈文权教授为榜样，决定立即实践并传播陈文权法，怀有利他之心，给人以勇气和力量。

2011 年我创办了“中国研究会”，在校内外先后开办了 20 多次中国古典文学的讲座。2014 年在公司内创立了“英语学习会”，坚持至今。2015 年创立了“中文学习会”，活动开展了近两年。2018 年又创办了“异文化交流会”，与公司内外人员进行积极交流，相互学习。通过点滴利他行为，我扩大了社交圈，得到周围人的尊敬和认可，增加了自信，体验到心灵成长的喜悦。这些都是受陈文权教授的影响。

最后，用 2011 年我为陈文权教授写的一首诗来结束此文，以表达我对陈文权教授多年来无私指导的感激之情。

短歌行

苏霞

2011 年 1 月 22 日

塞翁失马　焉知祸福
世间万象　变幻云烟
吾心如月　皎洁无瑕
吾香胜兰　沁人心脾

庄周蝶梦　望帝春心

千年一叹　只争朝夕

云汉浩渺　月星相依

凤凰涅槃　不生不灭

日本丸和运输机关

营业规划部长

苏霞

2018年10月吉日

开启学生自强悟性的金钥匙

早稻田大学著名教育家陈文权教授在工学、医学、药学诸领域取得杰出成就后，怀着对教育事业的至诚热爱，从2003年起倾心于研究和开发学生智慧、能力和前进勇气的临床教学事业，将教育学、心理学、人才学与人生哲学有机结合，独创了“人才教育法”（被称为“陈文权法”）。他以自己高尚的人格和历尽艰辛走向辉煌的感人经历，启发和帮助了一批又一批曾经对自己前程失去信心和勇气的迷茫学子，使他们彻底改变了彷徨、惰懈的消极心态，在学校和毕业后的岗位上变得自信自强，展现了令人赞叹的能力和业绩。由于当今日本和许多国家的大学生缺乏自信、勇气和社会责任感，老师又未能有效激发学生的求知欲和上进心，加上家长的溺爱纵容了年轻人的懒惰和懦弱，大学成了不少学生捞学分混日子的场所。毕业后他们不愿或不能找到工作，给家庭和社会造成了巨大压力。陈教授直面日益严重的高等教育危机，以令人钦佩的教育成就赢得了社会各界和媒体的高度关注及一致好评。

陈文权教授的教育法为什么会具有如此强大的魅力，能成功地挑战日本教育的颓势，给大批迷茫中的学生以巨大的勇气和力量？陈教授在2006年出版《让失败者也成功》（日文版）一书后，最近又推出新著《感动教育》（日文版），生动具体地为我们讲述了当今日本社会混沌、大学教育迷茫的背景下如何搞好青年人才教育。

我是被陈文权教授传奇式的成功经历和不畏艰辛勇往直前的奋斗精神深深感动而去拜读他的这两本著作。通读之后，我感到书中并没有特别的方法，没有玄奥的说教和推理，透过通篇朴实的文字、真实可信的教学事例，我看到了陈文权教授一颗热爱学生、热爱教育事业的赤胆忠心，他在书中以自己的亲身经历和人生感悟，与学生、与读者进行着坦诚的交流，处处体现了对人生观、价值观远未成熟的青年学生的至诚关爱和严格要求。细想之下，我深刻地意识到，陈文权教授所独创的启发性的互动式教育法，并不是一般教师都能做到的传授知识技能的互动教育，而是在教师对学生充满信任、热爱和希望的前提下，教师与学生在心灵深处相互感应的互动教育。这样的启发性互动教育，只有像陈文权教授那样具有高尚人格、对教育事业抱着高度责任感和坚定信念，愿意每日每时任劳任怨，一心为学生的潜力开发和前途着想的老师才能做到。于是，我又进一步感悟到“陈文权教育法”不应是一种只由少数老师去践行的教育方法，而是当今社会高等教育危机日重的情况下需要大力提倡、广泛推行的有效方法。陈文权教授的教育法学习不难，但做到不易，因为首先需要投入的是教师的真诚和热情，而得到回报的则是教师名利之外的社会人才的开发和人类事业的发展，这需要我们的教师具有何等宽阔的胸怀和坚定的勇气，去面对和践行教育事业的社会责任啊！

从这两本著作中，我们还看到陈文权教授对教育事业的坚定信念和对后进学生甚至“混日子”学生始终如一的满腔热忱与希望，以及他对青年人才开发的重要性和紧迫性的强烈意识。他深信年轻学子都蕴藏着无限的潜力，由于在人生观、价值观方面未能适时地得到应有的正确启发和引导，以致意识上不懂得自爱自信、行为上不能自尊自强、智慧和能力的开发滞后。但陈教授坚信，即使是后进学生依然具有强大的潜在能力，关键是在求知和做人两方面同时加强教育，用真诚、激情和信任去感动这些学生。许多后进学生都是在陈文权教育法的感悟下，变“混日子”为好学上进，到了工作岗位后成了令人刮目相看的人才。由此可见，陈文权教授的教育法连同他的这两本著作，犹如一把开启年轻学子真正懂得“自爱、自信、自强”悟性的金钥匙。正是有了这样的悟性，学生们获得了把握自己命运、开发自己才能的正确思想和动力。

人们常说，青年是国家的栋梁、人类的希望。更确切地说，年轻人的智慧和才能是人类文明和社会进步的希望。从这个角度来看，陈文权教授独创并广泛推行的教育思想和方法、忠诚于教育事业的高度责任感和无私奉献精神，为培养学生的智慧和能力、为社会挽救大批曾经失去努力方向的青年人才所做的杰出贡献，可以说是功德无量。

江苏省现代经营管理研究会常务副会长

江苏省企业管理研究杂志《大商》主编

陈华蔚

吉日

教育可以改变人生，教育也可以改变世界

2017 年 2 月 24 日下午，我在早稻田大学的校园里，再次非常荣幸地拜见了陈文权教授。我们俩整整谈了 4 个小时，谈人生、谈各自的经历、谈教育。通过交谈，我发现我们是志同道合的人。当然，陈教授侃侃而谈自己的人生、自己的理想、自己的教育方法，使我深受感动。

2012 年 8 月，我们第一次相遇是在吉林省延吉市的延边大学副校长举办的“日本华人教授会议归国访问团”欢迎宴会上，我们俩坐在一块儿，交换了名片。我发现他的名片上写了四个博士学位，而且跨文理。这使我目瞪口呆，简直不敢相信。我们简单地作了自我介绍，其实我们都是华人教授会议的会员，但是我不住在东京，很少有机会见面。“你真了不起，你为什么要拿四个学位？”我问。“哎呀，为了找工作。”他的回答虽然简单，但是我想肯定有更深层的感人故事。

当时我预约了另外一个座谈会，没有充分的时间能够与他进行深层次交流。但是在我的脑海里，陈教授的形象一直难以忘却，我希望有机会更多地了解他。

2016年10月，我有机会在日经商务网上，读到了《严格而又温暖的早稻田大学的热血教授陈文权》一文，深受感动和鼓舞。我立即提笔写了一份论评《日本的大学，难道继续这样下去吗？》，发表在渥美国际交流财团网上。发表之前，我给陈教授发了一封电子邮件，把稿子交给他看有没有需要修改的部分。这样，我们又开始在网上交流。

前一段时间，我有机会去东京开学会，有幸再次见面，进行长时间交流，听了他的故事深受感动。其实，我也有与陈教授相似的人生故事。

我出生在中国东北的贫寒农村，从小身有残疾，在“文革”中受读书无用论的影响，高中毕业后便回到农村种地。为了改变自己的人生，我边种地边考大学，刻苦奋斗四年终于考上北京的中央民族大学，毕业后在北京考上党校的研究生，后来在大学任教。1991年5月，我放弃了在北京已有四年的大学讲师生活来到日本，重新苦读十年书。然而在国外找一份合适的工作何其难。后来有幸在日本的东京财团“政策智囊机构”参加重大的超国家课题的研究，继而在日本政府内阁府的政策智囊机构 NIRA（综合开发研究机构）从事了几年关于东北亚开发合作的政策研究工作。2006 年，受聘来到现在的大学当教授。可以说，我也经历过坎坷的人生。

我感觉到陈教授把人生经验作为教书育人的巨大动力，而且利用丰富的知识和经验去开发科学的教育方法，实在是令人佩服。我也经常想着如何去开发科学的教育方法，尤其是针对缺乏勇气和上进心的学生的教育方法。听了陈教授的箴言，读了陈教授的《感动教育　点燃心灵》一书，我终于找到了答案，得到了信心和勇气。

话说回来，在日本的大学里，教育改革老生常谈，日本的大学教育水平越来越下滑，成为深刻的社会问题。日本的国家竞争力和教育竞争力也在走下坡路。在世界大学排行榜上，连东京大学都排不到前 20 位之内，只能排到第 27 位。大名鼎鼎的早稻田大学和庆应义塾大学，在两年前只能排在世界第 350 ～ 400 位之间，而 2016 年的排行榜上却已退居到 400 位以外。

其原因何在呢？依我在日本 20 多年的经验和观察分析，日本的大学缺乏活力，缺乏竞争。日本经济的发展和国民的富裕生活，使多数人都能上大学而且能找到工作，从而过上小康生活，因此学生缺乏学习向上的动力。

但是这只不过是表象。更深层次的原因是，日本的大学组织僵化，跟不上全球化的步伐，教师只要在大学就职，几乎就等于一辈子端铁饭碗，而且多数教师重视研究轻视教育，学校又缺乏健全的竞争机制和鼓励机制，从而导致多数教师在应付教学，更多的时间则花在做研究、出成果上。当然，学生也对听课失去了兴趣。教师把责任推给学生——“现在的学生不爱学习，缺乏学习动力”。其实，真正缺乏的是教师对教育的责任感，缺乏对教育方法的开发。其背后是教育制度缺乏创新和改革。

在日本的教育界，有一个论题：“教师是圣职者呢？还是劳动者呢？”对这个问题争论很多，但是没有明确的结论。虽然不能把教师称为“圣职者”，因为这一说法包含宗教因素，但是，教师还是一种特殊的职业。依我的看法，教师是一种职业，是拿工资的白领。但是，教师并不是简单的生产劳动者，而他们的使命是教书育人，只是传授知识不可能成为称职的教师。教书育人的教师必须为人师表，具备以身作则的品格，要有无私奉献的牺牲精神。陈教授的“感动教育法”正是体现了这种精神。可惜依我的观察，日本的不少教师缺乏这种精神，变成高级白领。这是日本的战后教育体制导致的。在这样的教育环境下，不少学生只要一考上大学，就失去了向上的动力，并且成为普遍的现象。

我儿子在2012年4月考上了早稻田大学商学部，应该说是很成功了。但是没过几个月，儿子说："上课简直是没意思透了，在这里只是浪费时间和青春，我要退学，到美国重新考大学，重新开始人生。"儿子给我出了难题。"我可以理解你的想法，但是只要你想提高自己，大学会给你提供很多机会。很多孩子梦想要考上，但都没有成功。你还是利用好现有的条件，自己创造机会吧！"我对他说。儿子虽然没有完全想通，但是勉强同意了我的意见，继续学业，这样我才放心了。我还劝他说："你们大学也有像陈教授那样的优秀老师，有机会找他请教。"虽然儿子没有机会得见陈教授，但是由于他勤奋努力，在大学里经过选拔，获得了去韩国和加拿大名牌大学的两次派遣留学机会，目前已在国外开始了留学生活。

在这样的日本大学环境里，陈教授以满腔热血投入教育，开发新型独到的教育法，将对日本大学的教育改革产生巨大的冲击。希望出现更多的陈教授，用教育改变人生、改变世界。

我认真读了陈教授的《感动教育　点燃心灵》这本书，深受启发。我以陈教授为榜样，学习和掌握陈教授的教育法，希望自己也能够成为名副其实的"人类灵魂的工程师"，成为"点燃心灵火炬"的教育者。

希望本书能够成为更多教师的良师益友，也成为大学生奋发向上的引擎。

日本北陆大学

未来创造学部教授　李钢哲

2017年吉日

写于日本金泽

教育更要兼顾心灵的培育成长

作者陈文权，印尼华人，在日本获得四个博士学位（工学、医学、药学、教育学），现任早稻田大学国际教养学部教授。继《宽厚与大爱——点石成金的陈文权教育法》（清华大学出版社，2013）出版之后，本书是陈文权教授的又一本中文力作。

陈教授留学日本多年，知识渊博，教养高深。怀有感恩之心，1993 年至今 20 多年，他将全部心血和热忱倾注于日本的高等教育实践与研究活动。针对教育，陈教授结合丰富多彩的教学情景，阐明了他对教育的认知，强调教育不仅教授知识技能，更要兼顾心灵的培育成长。在课程中及学生登台演讲后讲评时，陈教授穿插其波澜壮阔的人生体验，唤醒学生沉睡的学习欲望，使其树立明确的学习目标。本书具体生动地描述了学生动机形成和目的意识转变的瞬间、心灵的成长及强大生命力的培养过程，展现了从实践中总结出的科学方法“陈文权法”，以及在课堂实践中取得的“陈文权效果”。

陈教授对待诸多困难从不逃避，直面贫困、疾病、家庭暴力、歧视等，他不屈不挠的精神以及不断挑战困难的勇气，引起读者的共鸣。学生通过“陈文权法”的实践，对“陈文权法”有了重新的认识和评价。这种相互交流，点燃了学生心中的火炬。学生自身，学生之间，甚至他们的家庭也得到再生。读者借此机会，重新反思和审视自己的生活方式。

是不是沉溺于富足而体面的生活，便对周围事物不加批判地肯定和盲从？在大学掌握的知识技能、培养的人格魅力，走上社会后是否能继续磨炼，更上一层楼？对于没有正确答案的人生道路，是按照事先安排好的去走，还是寻找自己的人生目标，积极开拓进取？是满足并停留于自我实现，还是更进一步，帮助他人实现？作者呕心沥血写作本书，促使每一位读者扪心自问。

不论是失去自信的忧心忡忡的学生，还是社会人，我推荐大家一定认真阅读本书。重新审视自我，从国外优秀人物身上汲取营养，获得生活的勇气和力量；转变自我，为所在学校、企业、政府、社会甚至世界做出贡献。当遇到问题，甚至感到绝望时，捧读此书，想象陈文权教授历尽磨难的人生经历和对真理的孜孜追求，任凭想象驰骋，定会感悟人生，茅塞顿开。

中国学生也许与日本学生不同，有明确的目标，积极参与课堂讨论。不过我确信，通过“陈文权法”的实践，取得“陈文权效果”，能进一步掌握知识技能，成长为国际人才。我真诚希望中国读者能熟读本书并付诸实践。

日本系统科学株式会社
总经理办公室室长
增野　亨
2017 年吉日

早稻田大学陈文权教授著书书评

《感动教育　点燃心灵》这本书不是怎样突破“冰川期”就业市场的技巧指南，而是针对被父母、教师贴上失败者标签，自暴自弃的学生，谈怎样治愈其心理疾病的病理学图书。更广泛地说，是为现代人如何克服许多复杂消极情绪指明道路的图书。

啃老族、厌学者、失去生活目标和生活勇气的人，我劝他们务必读上一遍、两遍……

可能有人反驳，天下哪有这样的灵方妙药？作者是不是新兴教派的教祖？如有这般万能秘方，那些棘手的问题不是早就被解决了吗？自己不会被蒙骗上当吧？请您稍微耐心点，继续往下读。

本书作者陈文权教授与我同在日本早稻田大学国际教

养学部任教。书中谈及有心理问题的学生和日本及亚洲其他国家应有的交往方式等，但这本书不是教如何做人的道德图书。作者的人生苦难深重，他本人深受多重迫害，曾患过严重的忧郁症，所以他写这本书用以激励大家，并希望您也能克服艰难困苦。陈教授自身在工学、医学、药学和教育学领域从事教学活动，对为数众多被认为是“问题学生”“不可救药的学生”进行悉心指导，完全改变了这些学生的消极心理状态，成效显著，其教学效果常被称为“陈文权效果”。

接受陈教授指导的学生中，成为企业最信赖的毕业生层出不穷，也有在校本科生，连续取得专利成果。这些学生接受陈教授的指导后，心理发生了怎样的变化？我有幸阅读了部分学生的感想文。每个人每件事都令人惊叹不已，都可以称为奇迹，但对陈教授来说，这不过是家常便饭。的确，在他的教学理念、教学方法指导下，优秀学生层出不穷，实在令人信服。

日本社会过于富足，使人们失去了生活目标，而父母对孩子的期待依然很高，所以，自由职业者、啃老族等现象蔓延。不仅在日本，这种病症同样在全世界蔓延。我预言，陈教授的这本书如同《圣经》，将会成为解决这样社会问题的经典书籍，就像过去许多日本人从野口英世和宫泽贤治等人的书中得到勇气一样。

作者陈文权出生在印尼泗水的华人家庭。为了帮助哥哥更好地经营电器商店，他来到电子王国日本留学，历经千辛万苦，用汗水和泪水谱写出感人肺腑的篇章。

也许您会说吃点苦求之不得，在我看来，陈文权教授简直就是来自印尼的阿信。在美国，无论是爱尔兰后裔还是波兰后裔等，都克服了苦难，被同化成“美国人”。但在这个难以包容和同化外国人的封闭的日本社会里，作者或许偶尔也绝望过，但他还是逾越了所有困难障碍。我们日本人或许只能想象推测，而无法真正体会其苦楚吧。

陈文权教授在日本取得了工学、医学、药学和教育学不同领域的四个博士学位。教育学博士学位，是陈教授将其教学体验理论化并证实了其教学效果而取得的。解决心理问题不可能自动化，一步步指导耗费了陈教授大量时间和心血。作者将此作为最终教育目的在该书中与您述说。

当您捧读这本书，从书中学习如何激励失去干劲或者是丧失自信的年轻人，您自身也一起付出努力时，也就是说，当您理解心理问题的本质、实践解决这种病症的方法时，就会产生许多解决自由职业者、啃老族等社会问题的成功事例，成为推动社会朝健康方向发展的开端。这不是金钱可以解决的问题，而是只有通过心灵的沟通才可能达到的境界。

早稻田大学国际教养学部
木下俊彦教授
吉日

前言

我的中文名叫陈文权（外文名 Ken Soetanto），目前是日本早稻田大学国际教养学部的教授，兼任日本临床教育科学研究所所长。

1951 年，我出生于印尼第二大城市泗水市，是第二代华人。1974 年辗转来到日本求学，先在关西国际学友会（现大阪日语教育中心）学习日语及高考课程。1977 年考入日本东京农工大学，攻读电子技术，在此一直读完硕士。之后，我考入日本东京工业大学，攻读医疗工学博士，并取得博士学位。当时我很希望到日本的大学里就职，继续从事研究工作。但由于我是外国人，毕业时已 30 多岁，光凭一个博士称号根本找不到工作。于是我又考入日本的东北大学（当年鲁迅先生在此就读医学），获得了医学博士学位。但遗憾的是，即使取得两个博士学位，我在日本仍然找不到合适的工作。在日本就职无望后，我果断决定自费去美国参加国际学术会议，并在会上发表了最新研究成果。于是美国超声波医疗诊断装置领域的泰斗教授立刻介绍我到美国的大学里任教。我在德雷塞尔大学和托马斯杰斐逊医科大学当上研究助理教授，还荣获美国国家卫生健康研究所（National Institute of Heath，NIH）100 万美元的研究经费，过着舒服的学者生活。

“要不要回日本的大学教书？”我接到这样的电话邀请时，心情十分复杂。尽管求职时日本曾将我拒之门外，但我内心还是渴望回到培养我的日本继续从事科学研究。我眼前浮现出曾给予我关照的恩师和友人的面孔。1993 年，我谢绝了美国大学再次聘请我当教授的邀请，重返日本，到新开设的私立桐荫横滨大学（当时叫桐荫学院横滨大学）任教。在这里我一手创办了日本尖端医用工学中心，开设了日本最早的医用工学专业，并荣获文部省 15 亿日元高新技术研究中心专项经费。正是在此任教期间，我确立了独特的“陈文权教育法”。

总结在桐荫横滨大学的 10 年教学经验，我有幸在中国出版了第一本书《宽厚与大爱——点石成金的陈文权教育法》（清华大学出版社，2013）。

2000 年，我获得日本东京理科大学的药学博士学位；2003 年，又获得日本早稻田大学教育学博士学位。这样，我一共在日本取得了跨越文理的四个博士学位。

1999 年至 2000 年，我有幸被日本政府任命为经济产业省产业构造审议会 21 世纪经济产业政策讨论委员会委员，参与了其新世纪文教改革等活动。

从 2003 年起，我在日本早稻田大学国际教养学部执教。目前的研究课题是运用“陈文权教育法”，把学习动机的培养与脑科学及理工学结合起来，科学解析动机形成过程。

大家对大学教授或者教师总体是什么样的印象呢？

您是不是认为教师对学生采取高压手段，喋喋不休爱讲漂亮话，对自己要求却相对宽松，如每年都使用同一本教案，内容雷同？

在我看来，这样因循守旧的教师毫无责任心，对工作缺乏热情。

不错，大学是研究机构，教授是研究人员。他们理所当然需要搞课题研究，撰写并发表论文。可是如果只停留在这个层面，教师还远远没有履行其职责。

大学还是教育机构。教师的另一个使命是把自己的最新研究成果向学生们讲授。学生和其父母兄长给大学缴纳高额学费，我想没有哪位学生和其父母兄长缴纳学费是为了支援教授的研究活动。

教授作为研究人员，追求最新研究成果，向社会提供学术成果无可非议；而教授指导学生学习、做学问，使他们走上做学问的道路也是责无旁贷。

可是这是相当困难的事情，要花相当多的时间和精力。

可大学生们现状如何呢？

我所执教的早稻田大学是日本最好的私立大学之一。不管哪个系录取分数线都极高，考进来的学生无疑是出类拔萃的……各位是不是也这样认为？那么，什么样的课程最受大学生的欢迎呢？是不是钻研最新学术研究课题的严厉教授的课？不是。新学期伊始，校园的课外活动小组就向新生兜售“特快列车里程碑”，他们把只要出勤就可拿学分的课程编成专辑，堂而皇之劝新生选修这些所谓“轻松拿学分”的课程。

那些争先恐后选修“轻松拿学分”课程的大学生，在我看来已经失去了前进目标，实在可怜。

每家公司都差不多，对工作充满干劲的人大约占20%，对工作毫无热情的人大约也占20%，其余60%的人处于居中位置。早稻田大学也大致有20%的学生干劲十足，精力旺盛。

因为入学考试太难，不少学生确信考上早稻田大学就已经实现了人生目标。校园充斥着毫无奋斗目标，得过且过的学生。这就是我的真实感受。

大学里到底还有没有努力奋进的教师和学生呢？

我绝不认为做学问是轻松愉快的事。尽管我教学严格出了名，我的课仍然很受学生欢迎。

如果学生上课，只是为了点个名拿学分，就算凑够了学分，也只不过是学费的合计，并不等于掌握了某个领域的专业知识。毕业后，恐怕头脑里什么也没留下。如果容忍这样的情形，我认为当教师的未免太虚伪。

我以前执教的大学，学生的高考录取分数根本不能与早稻田大学相提并论。当时有同事和长辈好意提醒我："反正这些学生听不懂大学课程，让他们混四年好了。"但是，我不能违背良心照同事所说的那么做。相反，我对学生格外严格。结果怎样？

这些被其他老师称为一事无成的学生，找工作时却备受青睐。甚至在世俗眼里低分低能的学生，在我的研究室里，也成长为医疗工学领域专家，取得数项超声波造影剂的专利。

我在书中阐述我当时创立的独特的教育方法，在日本、欧洲和我的出生地印度尼西亚及东南亚其他国家，甚至在中国都成为热门话题。

这种方法是发挥本人潜力和特长的方法。为了社会的发展，发挥每个人的潜力和特长非常重要。这种方法不仅限于学生，只要是稍有进取心的人，都能取得良好效果。

目录

第一章

所谓“角色训练”

1 制定严密的课堂规则，教学活动不限于教书

“你们看过教学大纲了吧？不交报告，来听课也算旷课。”

4 月樱花烂漫。春假结束，大批学生返校。

我讲授的“教育领域动机研究”课程也迎来了新学年。

近年来我对教学进行了新的尝试。我在教学大纲中不仅写明了讲义的目的、内容、进度、方法等，还列出了要求学生事先阅读网站上的相关文章等。这些都是采访我的文章，浅显易懂地介绍了我的教学思想。

我在教学大纲的最后写道：准备选修此科目的学生，不论最终是否选修此科目，都要求事先阅读上述网站上的文章，并将该内容与自己的学习目标联系起来，写 350 ～ 400

字的报告，发送至我的电子邮箱中。此报告将作为成绩评价的依据之一。

大学开学之后，学生有一个选课时期。通常在选课阶段就让学生提交报告的教授，恐怕学校中也没有几个。我提的条件可谓苛刻。

正如课程的名称所写的那样，听讲的学生必须有明确的学习动机。不过我心里还是捏把汗，担心条件过于苛刻，可能会没有一个学生选修我的课。但幸运的是，最后有24名学生报名听课。可是在第二节课结束的时候，只有18人提交了报告。

我因此大发雷霆。

"要是不提交报告，即使来听课，也按旷课处理！"教室里立刻嘈杂起来。早稻田大学开学后有3周选课时间，学生可以试听各种课程，最后按自己的兴趣和意愿进行选择。

教学大纲以及学部的主页上，登载着采访我的相关文章，用日英双语写得清清楚楚，因此，早稻田大学的学生对于我应该是比较了解的。所以无论怎样，我是不会轻易放过不读教学大纲、不遵守课堂规则的学生。

可能有人想说他们已经是大人了，用不着那样啰唆。但是我不赞同这种想法。

在我的课堂上迟到10分钟以上的学生是不准进入教室的，听课次数少于70%的学生是不给学分的。我制定这些规则的目的是尽可能让学生掌握更多的知识和技能。我承认350～400字的报告对学生来说难度有点大。纵使我希望将知识和技能统统传授给学生，如果他们没有做好接收的准备，那么这些知识及技能恐怕在传授的过程中就会丢失一大半。

教学大纲里所写的是关于我的教学方法、基本思想和人生经历的内容。我让学生在阅读这些文章后写出感想，热情坦诚地表达他们的见解，并在此基础上，认真考虑选修这门课的意义，以及能否与老师的理念产生共鸣等问题。如果学生对老师的想法一概不知，那么即使来上课也是无法进行很好的交流。当然，想最大限度提升学生们的学习动机也非易事。所以，我让他们在报告中写出自己的兴趣和爱好。

我认为做学问靠理性还远远不够。一个学生如果没有产生心灵上的震撼，没被激发出感性，就学不到真实的学问。

您可能觉得奇怪，我只不过是名普通的大学教授，只要好好教课不就行了？

可能会有很多人都这么认为，但是我并不这么想。只传授知识而不教学生怎么活学活用，远远谈不上教会。那么，应该如何是好呢？

2 树立明确目标，掌握生存本领

听我课程的一位女生说：“做学问有两种感动。一种是学到新知识的感动，即解决了自己一直不会的问题时的感动。上哪个老师的课都能得到这种感动。可是陈文权教授的课有另外一种感动，即对于勇敢活下去、认真做学问的生活态度的感动。”

这位女生被我认真顽强的生活方式所感动。从某一刻起，她把我当作学习的“榜样”。我确信她开始理解生存的意义了。

知识同宝石一样，相当宝贵，得到时自然十分喜悦。但大多数人只是把这些宝贵的宝石毫无秩序地堆在桌子上或放在抽屉里，不能用宝石创造新的价值。不久，得到宝石时的兴奋和欣喜就会消失殆尽。许多学生虽然拿到了大学文凭，但是在大学里却没有掌握什么知识技能。

因此，要使宝石发出绚丽光彩，就需把宝石重新组合，或进一步打磨。拥有宝石的人，应以独特的方法为宝石增添附加值。只有意识到宝石之美，即真正愿意学习知识的人，才有可能发掘知识的真正价值。

学问之所以有价值，是因为其主体是活生生的人。而人只有把学问与自己生活的世界相联系，才能发挥比学问本身更重大的价值。

这门课程的着眼点是通过讲述我坎坷的人生经历以及半辈子做学问的切身体会，促使学生认真思考今后如何生活、如何做学问、怎样才能做自己人生的主人公。最终目标是让学生将自己的想法清楚准确地传达给他人，培养他们决不放弃的精神，掌握无论在什么状况下也要坚强活下去的生存本领。

3 “一劳永逸”空幻想，“一生安泰”南柯梦

“早稻田大学的学生热衷于打短工、玩耍和参加课外活动。应该说不仅仅是早稻田大学的学生，可以说全日本的大学生都是如此。日本的大学是进来难，但出去容易！不久前我做了一个调查：日本大学生每日的学习时间比小学生还少！好多大学生不读书都能毕业。目睹了这种情况，我确信如果再不进行教育大改革，那么日本将没有未来。”一名韩国学生在我教授的“教育领域动机研究”的感想中如此写道。

不只是这名学生，我曾听到过许多学生抱怨：“早稻田大学的学生一天到晚只知道玩。”这是为什么呢？

1974 年我来到日本留学，20 世纪 80 年代中期读完博士。当时日本经济十分繁荣，创造出了巨大财富，除了与军事相关的科技是美国领先世界以外，其他技术日本均已达到世界领先的水平。当时，只要毕业于东京大学、京都大学、早稻田大学或者庆应大学等一流大学，便能进入一流的企业。得

益于日本经济的繁荣和发展，各公司业绩迅猛增长，大学毕业生的薪资也涨得飞快。大家生活在安稳的环境中。

但进入 90 年代后，这个一生安泰的时代一去不复返了。日本经济进入长期低迷状态，赚钱不易，成长的机会更是难上加难，生活在这个年代的人却很难树立信心。大学生们依旧重复着 30 年前的老路，因为他们的家长依然坚信，只要上好的小学，读好的中学，进入好的大学，孩子的将来就安稳了。也许他们心底也不是十拿九稳，但除此之外谁也想不到更好的办法。于是家长和教师便不遗余力为孩子指明奋斗方向，争取考进好大学。

可是现在人们需要新方法。

30 年前与现在到底有何不同？那时官僚[①]被称为精英中的精英，几乎所有的日本人都相信那些毕业于东京大学等著名院校的官僚非常优秀。

现在如何？那些离开政坛空降的原官僚还不是遭到了舆论的批评和攻击吗？谁能想到会发生这样的事情？真是三十年河东，三十年河西。

---

① 官僚在日语里是指通过考试而选拔出来的高级公务员（从课长至各省厅的事务次官）。

同样，“进了好大学之后便一生安泰”的想法已经行不通了。

20 世纪 80 年代末，我在美国任教的时候认识了一位日本人 E 先生。他是我孩子学校的生活顾问，与美国人结了婚。一次他邀请我到他家里做客，他家的起居室里厚厚的招人信息映入我的眼帘。我吃惊地问：“您当学校的生活顾问不是挺好的，干吗还看招聘信息？”

E 先生说：“陈老师您不知道，在美国随时有被解雇的风险。在被命令‘收拾东西离开！’之前找到更理想的工作跳槽不是挺好的？所以我经常看招聘信息。”

刚刚在美国费城德雷塞尔大学当上研究助理教授的我，听到他的这番话后很吃惊，至今记忆犹新。当时日本还是终身雇用制，一旦就职，几乎不用担心被解雇。但是在美国，说不定你正跟上司说话时，就会被要求“马上收拾东西走！”，当天就被赶出公司。现实就是这样残酷。而且搬东西时，公司保安像监视小偷一样看着你，生怕被辞退者有可能会把公司的设备物品一起搬走。

E 先生语重心长地对我说：“人不知道什么时候就会遭遇不测。为了生存，要未雨绸缪。”

这就是美国式的适者生存。E 先生在竞争激烈的美国社会生活，自然而然地掌握了在美国“生存”的本领。我常拿这个故事激励学生。

但是眼前的学生状况如何？他们上学前由家长给出指令，上学后直到高中毕业还是由老师和家长给出指令。他们早已习惯遵从指令。日本的大学也没教给学生既能保证言行自由又能发挥个性的生存方法。正如那个韩国留学生所写的那样：日本的大学生没有人生目标，只是沉溺于玩耍享乐。与其说是沉溺于享乐，倒不如说他们考上了早稻田大学，就认为已经达成了目标，再无力实现今后的梦想。他们所接受的教育导致他们缺乏自己寻找目标、树立目标的能力。他们的家长也抱着老一套思想："要是考上像早稻田那样的一流大学，就能在一流企业里就职，过上安稳的生活。一定要考上一流大学！"

他们只是因为被家长反复这样说，便拼命学习，希望考进一流大学。这样的学生即使突破了高考难关，也并没有"我想学！"的想法。要是如家长所言，进了知名大学，不管在大学里学不学习，毕业后都能在一流企业就业，过上极安稳的生活。那么，玩命打工或沉迷于课外活动，比起刻苦学习更加理所当然。

这便导致他们"无力生存"甚至没有"想活下去"的意志！

抱有这种生活态度的人，无论在日本哪个大学或企业都存在。

这实在是太遗憾了。

日本是世界上屈指可数的长寿国家。男性平均寿命 80 岁，女性 85 岁以上。这些长寿的人在今后该怎么生活呢？

在有些公司里许多员工觉得干多干少薪资都一样，所以工作没有积极性。早稻田大学的学生也一样。要是你想挑战新的事情，大家便凑过来，列举风险，把事情搅黄。这种情况下，公司的员工反应十分活跃。如果计划通过了，便开始设定各种会议研究，结果新的计划还没实施，就已经落后于时代了。看到这种情形，大家都会说：“唉，我们公司难以长久！”之后，大家便悄然不作声了。

虽然毕业于著名大学，但是在知名企业里工作的人在努力工作后，工资都一样。IT 行业的进步改变了产业结构，所以，这些止步不前的人现在不得不直面如何创新的问题，否则公司难以生存。尽管如此，大家仍会对提议创新的人进行批判，结果导致公司仍旧重复过去的“成功”经验。

所以，我告诉学生不要天真地以为进入了大公司便可以“一生安泰”，理由是显而易见的，没有企业愿意录用游手好闲之徒，今后企业对毕业生的要求肯定会越来越高。对于能自己主动设立目标，并且勇敢挑战目标的学生的需求肯定不断增长。那么，大学生该何去何从，教师应该怎样做？日本大学里的许多老师都在认真考虑这个问题。

4 只做出模范表率，不给出具体指令

当今社会，教师应该做什么？我的回答是实践“感动教育”。我教学中的一项基本内容是“角色训练”，即做示范，让学生学习。他们从出生就一直接受各种指令，“早早起床”“好好学习”“遵守校规”等。如果没有指令，那么他们连人生的目标也确定不了。

但是我不给他们指令。我怎么做呢？我给他们讲述我曲折的生活经历，并向他们传授我从中获得的智慧。这些对当今的学生来说有点苛刻，可这些规则很管用。

一名23岁来日本留学的印度尼西亚贫穷青年，是怎样被日本社会承认的？为此，他做了什么？在这个过程中虽然经历了很多艰难困苦，但是也遇见许多和蔼亲切的日本人，并得到了他们很多的支持和帮助，留下了许多美好的回忆。

要是不付出努力，绝对没有今天的我。当初我的所有缺陷，如今都成了我的强项。

“人没有克服困难的勇气和决心是不行的。”学生对我这番话表示难以接受。

“我上的是理工课程，只想听关于科学技术的内容。交学费，不是为了听老师的坎坷经历。请立刻住口！”有几次，学生提出这样的意见。我在教学大纲中将教学目的写得清楚明白。看过大纲的同学，就能理解我的课程是什么形式。我喜欢提反对意见的学生，与持不同意见的人对话十分刺激，在对话中我也常常能发现自己的不足。

我想成为学生信赖的教授。把我的想法传达给每个学生并非易事，可能没人像我一样自找麻烦。只要能把学生从精神颓废状态中拯救出来，我就不怕麻烦。

有学生做鬼脸问：“老师，是不是又讲那些题外话？”

我明知他们闹情绪，可是忠言逆耳利于行，我还是坚持讲述我对人生的感悟。

一般来说，像早稻田大学学生那样 IQ 高的，往往讨厌被说教。但我还是苦口婆心，直到讲得他们耳朵长出茧子。有悟性的学生一点即通。可是，大多数学生要不是反复讲，他们就不能理解。不讲到他们耳朵长出茧子，他们就无动于衷。

说句极端的话，我能在这儿干到什么时候很难预料。我以前教书的大学，因为不认可我的教学方法，突然有一天把我解雇了。

我接受教训，学会了有备无患。我在人生转折的重大关头，总是不断发挥“生存的力量”。

我让学生把我当作“榜样”，从我的人生经历中得到勇气和智慧。这是对培养我成才的日本社会的报答。

要是说模仿“榜样”，学生会反驳：“老师，我的经历与您的经历完全不同，怎么模仿？”

碰到这种询问，我便反问学生：“难道你没有在某种程度上继承了父母的人生观和世界观？”

举个简单的例子，小孩子是怎样学会走路的？

“先向前迈右脚，移动身体重心，再出左脚……”

没有一个孩子是听这样的指令学会走路的，孩子都是看大人走路的样子自然而然模仿的。所以，外人看父母和孩子走路的动作惊人相似。

第二章

动机研究上升为科学

1 让学生提交感想文，确认动机提升程度

我在每堂课结束之前都会留出几分钟，让学生写听课感想。

一位成绩优秀的学生这样写道：“早稻田大学没有学习的气氛。为什么大家都认为应该尽情玩乐呢？我如果没选修陈文权教授的课，恐怕不久我也会随波逐流了。”

这位学生的每篇感想文内容都很充实。国际教养学部所有学生到大三时都会到国外留学一年，她在选修我的课后的下一年出国留学。与日本不同，国外的大学以学习为主要目的，非常繁忙。于是，我认真思索怎样才能使她在今后的两年时间里一直保持学习的热情。由于历史原因，我当初想学习却学不成，因此我很关注她的学习动机的培养。

1965 年，我的祖国印尼发生了举世震惊的“9・30”事件，被称为“建国英雄”的总统苏加诺失掉权力，苏哈托将

军全权掌握政权。

事件的真相至今仍未全部澄清。之后的半年间，在全国范围内，只要被认定是共产主义者或其相关人员都惨遭杀害。

之后，当上大总统的苏哈托由苏加诺时期提倡的反美路线转为亲美路线，于是反共产主义，反中国的外交态度逐渐鲜明。

我出生在印尼第二大城市泗水，全家都是华人，发生“9·30”事件时，我只有14岁。一夜间全国近700家华语学校被关闭。我的学习道路被截断了。别说上学，就连说中文也可能招来杀身之祸，这绝不是耸人听闻。当时我们每天都提心吊胆，生活在白色恐怖之中。

您能想象在自己的国度，突然被剥夺了受教育的权利，甚至连生命都难保的日子吗？

我被迫辍学回家，一边帮助哥哥经营电器商店，一边当志愿者，给穷苦孩子补习功课。不久，我自己也开了一家电器维修商店。因为哥哥事业成功，经济上变得宽裕了，我开始琢磨去日本学习电子技术，将来在泗水开办电子技术专业学校。这种想法愈来愈强烈。当时我21岁，印尼还没有一所电子技术专业学校。

总算确立了人生目标，去日本留学。事情却没有想象中那么简单。因为，去日本留学得找日本担保人。于是时间在不知不觉中过去了，担保人的事一直没有着落。

2 抓住机会之神，印尼寻找担保人的真实故事

当时，我拜托在商界崭露头角的哥哥，让他帮忙给我介绍在印尼工作的日本人，希望有人愿意为我担保。可惜我既不是政府要员的子弟，也没有大财阀做后盾，为我担保没什么好处，所以一直找不到愿意为我担保的日本人。

一天，泗水市某家大银行的董事长苏威吉·萨里姆先生托人找到我，说："我想把女儿嫁给你的哥哥，想请你帮忙从中撮合。"

当时我哥哥的事业蒸蒸日上，连苏威吉董事长也亲自出马张罗女儿的婚事。我高兴得跳起来，机会来了！苏威吉董事长一定认识很多日本人。

这家银行在印尼是数一数二的财阀，是萨里姆集团的子公司，苏威吉先生是泗水地区的董事长。可能大家不十分了解，印尼和日本两国经济联系紧密，印尼向日本出口石油和

天然气，以丰田和阿苏塔拉财阀为首，印尼有许多日印合资公司。所以，我断定苏威吉董事长应该认识许多日本人。

“介绍我哥哥和您女儿的亲事，我会尽力而为。不过，我有个小小的请求……”

苏威吉董事长愉快地听了我的愿望和请求。不一会儿，萨里姆集团东印尼董事长张力安先生打电话叫我去他办公室，他的职位自然更高。我 1 点钟准时到达了他的办公室，等了 3 个多小时，好不容易见到了张力安董事长。

张力安董事长已经知道了我哥哥和苏威吉董事长女儿的亲事。我告诉了他我打算去日本留学并请他帮忙介绍担保人的想法。

“正是为了这事叫你来面试！”

我拼命回答张力安董事长的所有询问。

面试了五六个小时，张力安董事长终于说出：“知道了，我给你介绍个顶好的日本人。”

我从他办公室出来时，时间已过晚上 10 点了。

他给我介绍的是后来被我称为“日本父亲”的林义久先生。当时，林义久先生是印尼某日资汽车零部件公司的董事长。

当时我已经 23 岁，从 21 岁开始找担保人，这已经是第三个年头了。

我带着在哥哥商店工作时存下的存款，以及自己开办电器维修商店存下的存款，一共200万日元去了日本。

后来，我哥哥和苏威吉董事长女儿的婚事也没有谈成，他们各自成家，只有我从中获得了一个巨大的机会。

3 争取最大的可能性，两个自费留学名额

寻找担保人花了近3年的时间，23岁，我终于来到日本大阪。选择来大阪，一是担保人林先生的家在大阪，二是听说关西国际学友会学习气氛比东京好，所以我决定在关西国际学友会学习。学友会开设一年和一年半两种课程。前者是强化参加日本高考的课程，如数学、物理、化学、日本史等。后者是先学习半年基础日语，再选高考科目学习。

林先生好心提醒我："难得来到日本，别光学大阪话！"

我如被针扎，实际上他是在含蓄地劝我别总是在街上乱逛，学会大阪方言不是终极目的。

当时在日本一年的生活费大约40万～50万日元，我带的钱远远不够上大学的费用。我来日本前打算先学习日语，

然后上一年电子技术专业学校，学会专业技术后回国。当时认为带的钱应该足够了。

华人在印尼上大学相当不易，机会大概只有千分之一。想上公立大学得花很多钱走关系，而上私立大学又要负担高额学费，所以，很多人即使考上大学也上不起大学。

在学友会学习时我第一次了解到，日本公立大学的学费比私立大学便宜很多，公立大学一年学费 12 万日元就够了。日本有奖学金制度，即使本人没钱也能上大学。而且，东京农工大学是东京国立大学中唯一向自费留学生敞开门户的大学，虽然东京农工大学只有两个人的名额，但与印尼机会相比，上大学的可能性在日本简直无限扩展！当我知道我也有上大学的机会之后，我决定一定要跨入大学之门！

4 讲述逆境中奋斗历程，效果莫过于老师的真实故事

学友会有 20 间学生宿舍。可是有些学员考上了大学也不搬走，宿舍总是人满为患。我本身也不愿意和留学生们住在一起，认为跟日本人生活在一起可以了解日本社会、快速

掌握日语，于是开始找寄宿宿舍。

我在神户三宫找到了一个出租房，房东提供早晚两餐。我原以为奔波吃苦的生活将告一段落，可没想到真正的吃苦从此开始。

我自幼失去双亲，没有人教给我正确礼仪，如餐桌礼节等。房东是市议会议员，房东太太对我的行为规范要求非常严厉。我和房东全家一起吃饭时无意间胳膊肘撑着桌子，这位严厉的老妇人立刻啪啪地敲桌子提醒我，连筷子上下移动的角度都被提醒注意。至今，我仍保持着这套日本旧式传统的用餐礼节。

开始我很讨厌这些规矩礼仪，甚至躲在房间里，不想去吃饭。现在回想起来，我真的很感谢她对我这个外国人的严格要求。渐渐地，我习惯了日本的生活。

从此以后，我开始一心一意地学习。初来日本的我只有背诵五十音日语的水平，要想上大学，必须拼命学习。但很快我发现了自己的局限性，即记忆力差。

与十几岁的时候相比，我深感记忆力显著下降。与我同期上语言学校的有对泰国年轻夫妇，他们连中学学过的内容都能全部回忆起来，可谓记忆力超群。我拒绝了每周三番两次约我玩的印尼朋友的邀请，开始闭门读书，但考试只能得40分或者60分。

那位朋友说："文权，每天这样从早到晚学习怎么行？偶尔看场电影放松放松。"

可是我哪里有轻松一下的工夫，我每天告诫自己："如此下去肯定考不上大学。"考不上大学，我就无法留在日本。从电子技术专业学校毕业，跟从某大学毕业，听上去有很大差别。印尼原来是荷兰的殖民地，按荷兰传统，名片会印有"XX大学学士毕业"的字样。但毕业于专业技术学校，名片上就不能印这行字。在印尼人眼里这简直是天壤之别。所以，我每天坐在桌前学习，累了就打个盹儿。上课以外所有的时间都用来学习，对此我早就做好了思想准备。

寄宿当然和房东分用不同的电表。为了省钱，我常常关掉桌下取暖用的灯泡电源，点蜡烛继续学习。屋内唯一的取暖设备就是桌下的灯泡，关掉灯泡电源，屋里寒冷难耐。我来自印尼这个温暖的国度，对日本的寒冬真是苦不堪言。

过了几个月，我发现日语考试和教科书都强调格助词等的用法，同样的问题反复出题。在那之前我都是跟日语语法恶作战，于是我把 240 页的教科书倒背如流，与其左思右想，背诵反而更快。

背会教科书，我的考试成绩一下子提升到 85 分、90 分，周围的留学生们都十分惊讶。这样半年下来，我基本上可以照教科书上的内容开口说日语了。

可是“教科书式的日语”也有弊端。一天，我去大阪日本桥的电器街为哥哥买电子零部件。我找到想买的零部件，问商店服务员：“真对不起，请您赐教这个电子零部件价值几许？”

听到外国人用如此客气的日语询问，服务员先是一愣，然后笑得前仰后合，我感到莫名其妙。过了一会儿，服务员好不容易止住笑声直起腰来，说：“没有日本人这么说话！”

我这才恍然大悟。原来，教科书上的日语与日常生活用语有如此大的差异。这只是其中的一幕，后来在日常对话中我也闹了好多笑话。

我照旧每天下课后回到小屋和日语作战，坐在桌前学习，困了就打个盹儿。

有一天房东的孩子敲我房门，问：“家父几天前去世了，你参加他的葬礼吗？”

我一惊，每天同一桌吃饭，我居然对房东的去世一无所知！我当时强迫自己拼命学习都快到走火入魔的地步了。

眼看离日语水平测试的日子只差3天，我紧张得怎么也睡不着，要是日语考砸了，我就没资格参加高考，签证也就泡汤了，名片上也不能印上学士毕业的字样。我胡思乱想，越想越睡不着。买来安眠药，吃了3倍的量，但一点儿也不奏效。

应试当天凌晨4点多钟，忽然想起有人说过酒能助睡眠。向来滴酒不沾的我，出门从自动贩卖机上买了几罐啤酒，一口气喝下一罐，可还是毫无睡意。我又喝了一罐，意识更加清醒。待喝下第三罐时，我终于倒在地板上睡着了。

一睁眼，已经是早上8点钟了。

糟糕！8点半开考。我因醉酒，身体状态极差，挣扎着起了床，头晕目眩，惊慌坐上电车。头像要裂开一样疼，肚子里也翻上倒下。结果，一个半小时的日语能力考试我迟到了45分钟，总算进了考场，面对考卷，我头脑一片空白，连题也看不懂。我怎么犯了这么致命的错误？简直是自己挥棒子把机会打跑了，我坠入痛苦的深渊。

考试结束后，我把事情的经过跟泰国夫妇详细描述了一遍。泰国夫妇讥笑我说："你这个大傻瓜，本该落得如此下场！"真是落井下石！没想到他们竟对一个灰心丧气的人说出这番话！

我打起精神向日本保人林先生汇报考试情况，谁知这对泰国夫妇的保人也是林先生。

我意志消沉，流着泪对林先生说："我真是没用，除了回印尼别无出路。"

此时，比我先到的泰国夫妇得意扬扬。

林太太亲切地对我说："考试成绩还没出来，没必要这么悲观。"

考试成绩要一个月才下来。这一个月如此漫长，我像掉进地狱一般，度日如年。成绩不好的话，我连高考资格都没有。我在印尼连上大学的机会都没有，可是现在近在眼前的上学机会却飞走了，我后悔极了。

5 坚持到底决不放弃，反败为胜真实体验

终于等到成绩公布那天，看到榜上有名，我怀疑自己是不是看错了。

我的成绩是C，如果是D，就没有资格参加高考，C的话，就可以参加高考笔试和面试，我对面试很有信心。令我吃惊的是，泰国夫妇的成绩居然也是C！对此我骄傲无比，认为自己所向无敌，顿时信心倍增。

我取得了参加国立、公立和私立大学的入学考试资格。我没有钱上私立大学，而接受自费留学生的国立大学只有东京农工大学。于是我先参加了离大阪不远的兵库县立姬路工

业大学（现兵库县立大学）的考试。

姬路工业大学历史悠久，美丽的姬路城闻名全国。面试也很顺利，16 个考生中，包括我在内两个考生合格。

“这下子可以留在日本了，签证能批下来了！”我高兴极了。

接着我又参加了大阪府立大学的考试。大阪府立大学比姬路工业大学大得多，在印尼知名度很高。27 个考生中，包括我在内只有两个考生合格。

我一鼓作气，又参加了东京农工大学的入学考试。这所大学的面试跟别处有所不同，面试我的小畑秀文先生现任东京农工大学校长。小畑先生面试时很严厉。现在我偶尔也能见到他，他仍然保持着当年严厉的作风。

“有钱吗？”

“大约有 200 万日元。”

“要是大学没毕业钱就花完了怎么办？”

“哥哥在印尼开公司，钱不够了哥哥会给我汇生活费。”

虽然这不是谎言，但哥哥从来没答应过给我寄生活费。

“会英语吗？读报纸上的这篇文章。”

我在印尼学过英语，很流畅地读完了那篇英语文章。

“文章内容翻译成日语。”

我有点焦虑不安，费了九牛二虎之力，总算把文章译成了日语，至今我也不确定翻译得对不对。反正我一心想留在日本，笔试、面试都全力以赴。

托大家的福，28 个考生中包括我在内两个考生合格。我如愿以偿，考上了电子系。

入乡随俗友好相处，互相激励共同进步

初到东京。我在涩谷附近找住处，我把涩谷周围的房屋中介转遍了，可没有一个日本人愿意把房子出租给我这个外国人。在大阪寄宿费只有 1.6 万日元左右，到了东京至少得 2 万日元，这可真叫人心疼，但最让我为难的是怎么也租不到房子。

有几家不动产的工作人员当着我的面给房东打电话，都千篇一律地被拒绝了。

“叫陈文权。”

“姓陈？怎么写？是外国人？”

“对，是印尼的留学生。”

“不是日本人？不行不行。”

无论走到哪家中介，结果都是挥手让我出去。

我又开始到原宿、代代木、大久保和中野四周找房子……一直找到三鹰。现在日本人对外国人的观念的确发生了许多变化，但在当时拒绝外国人寄宿的现象很普遍。我伤心极了，恨不得立即返回大阪。可是我已经办了入学手续，明知不可能，可还是一心想着回大阪，可见当时我的心情有多糟糕。

绝不能就此罢休。终于，我在吉祥寺遇见好心的日本人井上夫妇。穿过井之头公园，从车站步行15分钟便到了井上家。这是间六张榻榻米的和式房间，没有单独的卫生间，也没有盆浴，不过每晚井上夫人都敲敲我房间的门，亲切地说:“洗澡水烧热了，快去洗吧。”

当时，去澡堂洗大约花100日元。对于我这个穷学生来说，每天能免费泡热水澡真是求之不得。

大学在小金井，从吉祥寺坐中央线电车不用换乘，上学很方便。我在那里一住就是6年，直到研究生毕业。一天，杂志的记者来采访，内容是“怎样和日本人友好交往？”，采访了我之后，也采访了房东井上夫妇。

我回答说:“友好相处的秘诀是‘入乡随俗’，出国在外，不能骄傲自大，我行我素，只图一时高兴，要学会忍耐，忍耐使人成长。”

我终于如愿以偿，跨入了大学门槛。这时我已经26岁，而且在印尼有婚约。在其他学生眼里，我是叔叔辈，谁也不爱和我打交道。

“正好。没有人搭理我，我就专心学习吧。”我给自己打气。从此，我的大学生活掀开了崭新的一页。

读到这里，您可以理解为什么我对学生总是提供亲切指导了吧？我带着强烈的学习欲望来到日本，留学期间遇到了许多好心的日本人。只要不灰心，坚持下去，梦想就能实现。

这名学生通过上我的课开始自我发现，意识到学生的本分就是做学问。有了这样的认识，她开始主动帮助班上其他同学。我想，谁都会尽力帮助像她这样的学生。

为了进一步提升她的学习动机，我选了几篇其他学生的感想文，把姓名遮住后让她看。看过每篇她都感动不已。

留学回国后不久，她选定了课题，研究为什么人会变化，从此走上了做学问的道路。她的成长使我感动，并受到鼓舞。我与学生就是这样互相激励，共同进步。

第三章

原则至上

1 遇事决不歪曲原则，早稻田大学的课堂实践

无论大学还是企业，只要是团体组织，有些规则必须遵守。

大学存在的意义在于做学问，探求真理。企业创办的目的是在遵纪守法的前提下追求合理利润。一般来说，大学和企业的规定比高中的要宽松许多。比如服装，在大学和企业里只要不穿奇装异服就可以，因为大家都是成年人。

但是在大学和企业里也存在这种情况：教师和上司借口对方是成年人，便对学生和部下的行为视而不见。如果每个人都精神百倍，干劲十足，主动挑战各种困难的话，用不着别人在旁边多说。

有人说："好学生不用老师、家长督促。"确实如此。可是如果对那些差生也不闻不问，结果会如何？

在我以前教书的大学里，老师们都说："只管那些愿意学的学生就行啦。"这话听得我耳朵都快磨出茧子了。可是就

连这所被认为是日本最高学府之一的早稻田大学，许多学生都看上去有气无力。不只是大学，许多企业也是如此。

无论在哪个企业，推动企业发展的都是站在金字塔顶端大约 20% 的人。有趣的是，如果企业裁员，只留下这 20% 的精英，结果这里头也只有 20% 的人能发挥其积极性。

大学、企业要想发展，光靠裁员、保留精英恐怕不行。

早稻田大学除了这 20% 爱学习的学生外，其他学生都在干什么？大部分教授都不怎么理睬这 80% 的学生，这些学生或沉迷于课外活动，或热心打工，成了大学里有名无实的“透明人”。

一所大学得到社会的评价，需要 30 ～ 50 年的时间。一名毕业生活跃在社会各界，被社会承认，无论如何也需要十几年的时间。那么，大学每年把 80%“透明人”输送给社会，结果可想而知，30 年后这所大学的社会评价会怎样呢？如果企业对这 80% 的无干劲的员工置之不理，用不了 30 年，企业就会倒闭。

从几十年的教书经验中我发现：IQ 高的人不容易听取他人意见，男生比女生更难引起共鸣，不容易被说服。也就是说，早稻田的男生较难对付。正因如此，就有必要制定规则。把大学换成企业考虑问题，我对学生的要求就显得理所应当。

“迟到10分钟以上按缺席处理。”

“出勤率不能低于70%。”

这些规定并不苛刻，社会人理应遵守。

“每周上完课，课上内容与自己有何相关，学生需要提交感想文。”

为了对动机形成进行科学考证，我设计的每节课的主题都不容易被预测到。有时随机让学生进行自我介绍，有时把“我的发现”“最近的不满”等作为主题。原则上每节课我都会让学生提交针对课堂内容的感想文，因为写感想文对他们写学术论文非常有用。虽然一开始他们搜肠刮肚地找写感想文的材料，但不久之后不怎么费力就写好了。

“每节课必须提问3次以上。”

“一学期要上讲台演讲几回。”

我的课堂是参与互动型，不像有些课，学生只要坐在教室就能拿学分，我要求学生每堂课必须提问。

我还要求学生为演讲做好充分准备，演讲时禁止看任何参考资料。许多学生不解，反驳说自己准备的内容为什么不让看，也不是作弊。但我决不让步，既然是自己准备的内容，不看参考资料应该能解释清楚。

实际演讲时，不少学生紧张得两腿直颤，头脑一片空白，他们是在其他同学的声援中完成演讲的，这样，班级就产生了集体感，当然这也是我的一个教学目的。通过演讲，学生迅速成长，并增强了自信心。经过练习，几乎所有学生都能脱稿演讲。

给学生布置演讲任务时，我都会给他们讲第一次我在日本电子学会上演讲的经历。

我是在大四后半期学术会议上首次演讲，我研究领域的许多前辈、老前辈、学术权威，都来参加那次的学术会议。我登台看到黑压压的听众，头脑一片空白，自己也搞不清说了些什么，当时我的日语还不太流畅……

听我讲完亲身经历之后，学生惊奇地问："老师原来也会如此？"我的经历激发了他们战胜困难的勇气。

另外，我对演讲时间也要求严格。比如 10 分钟的演讲，超过 1 分钟我就会叫停。这也是学术会议的要求——在限定时间内将内容清晰明了地进行表述。对于时间管理的培养在之后找工作时以及工作后都十分实用。

我以前在横滨的一所大学里教书，一家著名综合商社录用了我研究室的毕业生。有一天，商社的人事负责人打电话跟我说:“陈教授，今年能不能给我公司再推荐几名您研究室的毕业生。去年被录用的H非常优秀，面试的时候以及工作中，他的发言恰到好处，在公司内也十分活跃，大家对他的评价很高。”

当然，上了班在工作中、会议上发言的机会增多，经常被征求意见。跟客户打交道时、做产品说明或商务谈判时，课堂掌握的演讲技能便奏效了。

“期中交1200字的英文报告，期末交2400字的英文报告”，“如果同一单词反复出现，按照一个字来算”。这个要求听起来有点儿严格，但是学生只要努力，都能完成学习任务。

对于不交报告的学生坚决不给学分。

关于“坚持原则”的问题，我将介绍一个我在横滨私立大学“教书育人”的实例。

2 遇到麻烦真诚面对，坚持原则决不退缩

我曾经遇到过这样一名学生，暂且把他称作X吧，他大四时加入了我的研修小组。这名学生从大一到大三，成绩还凑合，属于那种不怎么努力，成绩也算过得去的类型，对我的课也不十分用心。

但要知道，我的研究室里优秀的学生很多，而且这些学生听了我的课之后，学习动力都被激发出来了，对研究充满热情。相对而言，X不怎么专心，做实验时也老开小差，连大四的研修小组和研究室的发表会也经常迟到，甚至缺席。在我眼中，他属于需要格外关注的“问题学生”。

与其他学生一样，X按时提交了毕业论文。但我在审查时发现他论文里的实验数据过于“完美”，于是我把助手们叫来询问此事。助手们说：“他的实验是在我们指导下完成的，绝对没问题。”但我还是把X叫到研究室问：“这篇论文真的是你自己写的吗？”X满脸无须质疑的神情。“但数据有

点奇怪，真是你动手实验得出的数据吗？”X一口咬定论文是自己所写，千真万确。于是我提出这样一个要求：“既然如此，当着我的面，你再做一次实验，如果没有出入，你就可以顺利毕业。”第二天，当着我和助手们的面，X开始做实验。结果他连实验设备怎么安装、接线都不会。“怎么回事？安装不好设备怎么开始做实验？”X还在拼命狡辩。估计是助手们越俎代庖，事先都替他做好了实验设备的安装和调试工作。沉默中，1个小时，2个小时，3个小时过去了……一直拖到傍晚，他连实验设备安装调试也没完成。“X，真的是你自己做的实验吗？”面对我的质问，X和两个助手都十分尴尬。

看样子，助手们不但替X安装调试了设备，还代他完成了实验。也许只是想给X示范一下，或者是助手们想和学生搞好关系，不然就是在X的再三恳求之下帮忙，导致产生这样的严重后果。

天已经黑了，冬天的研究室很冷。我对X说：“你先回去吧，明天继续。”正如我所料，第二天情况没有任何改变。我对X下了最后通牒：“X，你说是自己独立完成实验的这句话已站不住脚，我不能给你学分，你留级明年重写论文吧。”我仔细核查，发现X论文中的数据根本不是做实验所得，而是利用过去的数据用电脑模拟而成的。

“这样的学生，快快让他离校。”

第二天系主任叫我过去，问道：“陈教授，X 的事情我已经听说了，你真准备让他留级吗？”我回答：“当然，伪造数据，情节严重，我怎么可能睁一只眼闭一只眼呢？如果我这次让他蒙混过关，今后他还是会犯同样的错误。为他着想，我也不能就这样放过他。”系主任叹了一口气说：“陈教授，让 X 毕业！这样的学生，应该让他早早离开学校。”两个人的话像是两条平行线，没有达成一致的可能。这是原则问题，我决不妥协。系主任还压低声音提醒我：“陈教授，X 接下来要做什么我们谁也不知道，但不排除伤害你的可能。”这话反而更加让我坚定了决不妥协的信念。

我还想把 X 叫到研究室好好谈谈，但他一直没露面。一天，X 的父亲亲自到研究室找我，央求我让 X 顺利毕业：“X 在 4 月上班之前，家里已经决定送他去美国加利福尼亚英语专业学校进行短期外语培训。如果让他留级，学费就白交了。无论如何，求求您让我的孩子毕业吧。”可怜天下父母心。但是留学和毕业是两码事。我把不让他孩子毕业的原因讲给他听，我说让 X 毕业也不难，但是这样做对 X 危害甚大。X 的父亲只好放弃了说服我的念头回去了。

我认定还是应该和 X 好好谈谈，这样他才能心服口服。于是我让助手叫他来我研究室。我少年时期在印尼曾向高人学过少林拳，一般人根本不是我的对手，但是我还是买了一块厚木板立在墙角，以防刀袭。我准备心平气和坐下来好好和他谈谈，但 X 仍然没有露面。

隔壁同事每天下班回家时都来关照我："陈教授，我先走了，你自己多加小心。"研究室的学生中也流传着 X 扬言要干掉我的小道消息，但我决不妥协。

就在这样高度紧张的状态下，时间慢慢过去了。一天，X 终于出现在我的研究室门口。

3 对于过失不可视而不见，对于学生不能放任自流

X 出现在门口时，我已经做好两手准备，可是我丝毫看不出他想加害于我的意思。X 红着眼，垂头丧气，非常憔悴。究竟发生了什么事？

"怎么了，X？你想重新写论文吗？"在我的再三询问之下，他挤牙膏似的道出了实情："昨天晚上，我找哥们儿

Y……”Y 不是我研究室的学生，一米九几的大个头，每天飞车来学校，是一般人眼里的“阿飞学生”。X 继续说：“我本以为 Y 肯定会帮我，可他问清想对付的是陈教授，就立刻拉下脸，瞪着眼睛说，陈教授是全校唯一让他信赖并能谈心的老师，如果我想和陈教授交手的话，得先和 Y 过招！”

我的研究室早被称为“问题学生转变营”了，大概是因为别的教授不想要的学习差的学生都集中在我的研究室的缘故吧。Y 虽然不是我的研修小组的成员，但是我也平等对待他，他曾经有事找我商量，我真诚接待过他。不承想他心存感激，出面救我性命。

X 继续说：“我认真想了一个晚上，确实是我错了。陈教授，如果还来得及，能再让我做一次实验吗？”我欣然允许：“当然可以，这样吧，我们一起动手。”功夫不负有心人，他终于动手重做了实验，取得真实数据，通过了论文审查，顺利毕了业。

对于大学而言，X 是一个难缠的学生，所以不管是系主任，还是同事，都主张不用管他，让他快快毕业，离开学校吧。日本人不论是在学校还是公司里，大部分人都觉得不爱学习是他们本人的事，不用别人来管。这也许是无奈之举，但我觉得难缠的人出现时，对待他们的态度和处理方法尤为重要。我从一开始就决定不妥协，也正因如此，才唤起学生心中善良的一面。作为成年人，我本着以身作则的态度，希望以我的实际行动感化学生，让学生理解“坚守原则”的重要性。

无论什么样的学生，我都不会放弃。不放弃 X 是我对他的信任和守候，等他意识到自己错了，事情就好办了。如果听从系主任和 X 父亲的意见，那么 X 到现在可能还依然是社会的潜在麻烦。

第四章

讲述老师与学生的“真实故事”

1 插入自我介绍，改变课堂氛围

大学里培养学生的社会性绝非易事。

日本的大学里有“厕所便当”的说法，其字面意思就是一个人在厕所吃便当。一个人？在厕所吃饭？吃饭时间本应该和朋友们围坐在一起，边吃边聊，愉快地度过午休时间。怎么会发生这样的事情呢？

如今的大学生和同桌也不怎么讲话，听说是因为不知道该怎样打招呼。我一直不赞同大学生上大学不学习，沉迷于课外活动，但现在看来，那些能积极参加课外活动的学生还算好的，不少学生连课外活动也不参加，理由是处理不好课外小组的人际关系。这些人指挥别人还行，却受不了被别人指手画脚，不喜欢与他人相处。与其说他们“不喜欢”人际交往，不如说是他们“不会”处理人际关系，不会沟通。

怎样打破学生之间孤立的局面，为此我费尽心思。后来我想到了一个办法，让他们进行自我介绍。我到早稻田大学已经 11 年了，除去搞研究的一年，教书也已经 10 年了。几年前，我开始使用这个方法，让学生们进行自我介绍。

现在的学生，别说半年，恐怕一年下来连同桌的名字都叫不上来。对他们来说，和同桌打招呼需要很大的勇气。在我学生时代，教室里总是吵吵闹闹，为此还经常被老师警告：“课堂上不许交头接耳。”可是时过境迁，现在教室里连私下讲话声都听不到了。别说是上百人的大课堂，就连人数很少的教室，同学间也几乎没有什么交流。这不是个别现象，几乎所有的课堂都大同小异。因此，我从开课的第二周起，插入了“自我介绍”的内容。

要是一个班 20 名学生，一个人自我介绍 5 分钟，差不多得用一节课时间，会影响到教学大纲的进度。我让每人讲 3 分钟。自我介绍至少包括出生地、自己的特长、选这门课的理由、自己的理想。如果是美国的课堂，肯定会出现自我介绍超过 3 分钟的情况，但是日本的学生决不肯多讲一句话，准能保证 3 分钟之内结束讲话。

值得一提的是，在同学们都做了自我介绍之后，我发现班里几乎所有的学生都喜好音乐，有的会唱歌，有的会弹吉他，有的擅长其他乐器……有位学生提议：“恰好本周末有我们乐团的演奏会，欢迎大家光临。”听说真的有几名同学参加了。

真的很神奇，此后课堂气氛一下子变得轻松愉快了。可能这就是“团队意识”“归属意识”吧。大家把这个班当成是自己的团队，每个人都是其中一员，从心底希望团队能变得更好。为了达成这个目标，大家的“参与意识”被调动起来了，课堂变得十分活跃。小到个体，大到社会，参与意识必不可少。

还发生过这样一件事，有个学生在我的课上睡着了。前面也提到过，我的课堂严禁学生睡觉或开小差，因为我从不放弃一名学生，于是我推醒他。他突然睁开眼睛，直起了腰。但也许是因为前一天晚上熬夜了，没多久他又开始打起盹来。我对这个学生说：“要是真的那么困，你就去洗手间洗把脸再回来。”他挠了挠头，走出教室，洗了脸又回来继续听课。

大概这么在意学生在课堂上睡觉的大学老师并不多见。也许有人觉得我叫醒学生的做法有点夸张，何至如此？我自有坚持这样做的理由。

周围的学生都默默地注视着我，看我如何教育这名上课睡觉的学生。我对他说：“你知道吗？算下来大学的一节课大概要花 3000 ～ 5000 日元。如果上课睡觉，就等于把父母辛苦挣来的钱打水漂了，难道你不觉得愧对父母吗？”他听后内疚地说：“谢谢老师，遇到您这样的老师真难得。我为白白浪费了父母交的学费感到惭愧。”从这名学生的反应来看，他本人理解了我对他的“特别关照”。他没有反驳我的话，对我站在他父母立场上告诫他非常感动。如果他能真正明白我的良苦用心，就能从心底接受我的批评吧。反之，如果我将一腔怒火发泄在他身上，定会引起他的反感。

我之所以这样做是因为我曾经饱受学费的困扰。当今的日本社会，对跟不上社会发展速度的人放任自流，大多数老师只顾优秀学生，漠视问题学生，只顾照本宣科，完成教学进度。

自我介绍在学生中的反响如何？“有了朋友，上课也变得有意思多了。”“能找到有自我归属感的课太棒了。”“进入大学后第一次在大家面前讲自己的事。”“盼望轮到自己发言。”很多学生反映，自我介绍让他们充满了成就感，而且交到了很多新朋友。

2 讲述真实故事，引发课堂“爆炸效果”

最近，对我的教育法感兴趣的校外人员专程来观摩我的课。在课堂上，我要求嘉宾演讲。

以下是嘉宾演讲的内容：

我对陈教授的教育法很感兴趣，也非常理解为什么此教育法会引发如此好的教学效果。确实，陈教授的人生波澜壮阔，来日本后也遭遇了相当多的磨难，跌宕起伏。但是我很不理解，为什么大家只有在大学课堂里才能听到这些故事。

我是日本战败后15年出生的。虽然经历不能与陈教授相提并论，但与今天的年轻人相比，也算是体验过贫苦的生活。小时候，我们玩游戏的空地就是战争遗留下来的防空壕。也就是说，我们是在那个身边随处可见战争创伤的年代成长起来的。我居住的城市三分之一都由驻日美军接管，有大规模军事设施。我父母经常谈起战争。

1945年3月10日东京大空袭时，我母亲正上初二，我的外祖母带着她准备到乡下避难。我母亲以为要和我的外祖父永别了，高声哭喊“不要分离”。万幸的是，我的外祖父存活下来了。我很难想象他们当时是如何度过空中随时可能掉落炸弹的那段日子。

我的父亲从军事学校毕业时刚好20岁，正赶上日本战败投降。他当时和在座的大家年纪相仿，他所面临的最大问题就是自己所信奉和捍卫的效忠天皇的价值观，一夜之间被全盘否定。这不仅仅是我父亲一人的遭遇，而是那个时代所有人的遭遇。战后，父亲每次走在山间，就好像看到了魔鬼似的，有种异样感觉。我曾多次听父亲讲起这些不可思议的经历。

我上高二时，有一天父亲突然对我说：“其实我上山是在给自己找墓地。我发现埼玉县秩父的山谷中有一个地方非常不错。”这些话对我刺激很大，我这才意识到战争带来的后遗症有多么可怕。父亲到底是怀着什么样的心情上山？父辈们的内心究竟深埋着什么样的情感？

我也经常从我的叔叔阿姨那儿听到关于战争的事情。当时战争已结束20多年。但是对我来说，这些往事回想起来一点儿都不遥远，至今仍记忆犹新。我们这代人在童年时，经常会听父辈们讲起战争的事，公众电视每年也都会放映关于战争的大片。而我们的父辈亲身经历过战争，给我们讲述战争留下的创伤。

我想说的是，战争以及战后重建是我们全体日本人共有的故事，父母、叔叔阿姨，是从战争的漩涡中挣扎着活下来的一代人。回首往日，战败后，日本经历了复兴与发展的阶段。放眼世界，很多国家和地区正遭受着与我们小时候一样的贫困与饥饿，尽管形态不同。时至今日，难道日本人就没有什么共同的故事好讲了吗？陈教授的人生经历让我想起我从父辈们那里听到的故事，那些故事应该反复向同学们讲述。我觉得如今日本的家长与孩子之间没有什么共同的故事好讲，这个事实本身就应该发人深省。

这个嘉宾的话对学生们的冲击很大。在他讲话的过程中，大家都不停地做着笔记。他用自己的语言，将对我教学的感受及发人深思的社会问题都融入他的演讲之中。难能可贵的是，他诚恳地与大家进行真正意义上的沟通。

在这堂课的感想文中，大家各抒己见。有的学生写道："父辈们没有把经历战争的事实讲述给年轻一代，确实有问题。"这使我想起美国移民后代的问题。

战后世界各地的人移民到美国，不管是哪个国家的移民，到第三代就衰落了。不管是亚洲移民还是其他地区的移民，都很难突破此定论。唯有犹太移民，即便到了第三代还很有出息。原因是所有犹太移民一定会对孩子反复讲述民族的苦难历程，即使孩子听得耳朵生茧，他们还是会反复地讲。这种日复一日的讲述会渐渐地印在孩子的脑海里，融进他们的血液中。

其实父辈的苦难，民族的苦难，年轻人也许不屑一顾。然而，父辈们的反复讲述，恰恰有着非常大的价值。年轻人不爱听就不讲，这样就很难逃脱“第三代衰败”的论断。有趣的是，小的时候捂着耳朵不想听父辈们讲述苦难史的犹太移民，一旦自己成了父母，也会掰开孩子捂着耳朵的手，对他们反复讲述民族的苦难历程。

果不出所料，嘉宾走进课堂，给学生带来很大刺激。大家反响非常热烈。有的学生在感想文中提出想多听听社会人士的演讲。我趁热打铁，布置“讲述真实故事”的主题。

这位嘉宾给大家讲述的不是什么抽象的大道理，而是他自己的真实故事，因此才引起了学生们的普遍反响。恰巧这天，学生的自我介绍刚进行到第二组，还有一大半的学生没有进行自我介绍，我就对学生说：“接下来也请大家融入真实情感，讲述能够引起共鸣的真实故事。”

在我的课堂上，演讲占很大比重，因为演讲能培养他们无论身处什么场合都能当众表达自己想法的能力。

很久以前，某大企业的总经理听说了我的事情之后，邀请我到他办公室一叙，时间是1个小时。本应是双方的对谈，却成了他的独角戏，55分钟就这么过去了。像他这样的大忙人，日程都事先安排得满满的，不可能延长时间。轮到我开口讲话时，只剩下5分钟了。我用这短短5分钟的时间，讲述了我为拿到美国绿卡而经历的种种磨难，这短短的5分钟却打动了他的心。总经理送我出办公室时对我说："陈教授，有机会还想和您交谈。"

我一直很钦佩那些很早就克服重重困难，开拓事业，取得成功的人物。和他交谈之后，我才发现这些人内心的孤独。他很早就出人头地，其实是踩着很多人的肩膀爬上去的。他几乎没有可以信赖的朋友，用他自己的话来讲，即使有人不喜欢听他讲话，也不得不假装认真听。在送我出来时，他诚恳地说："谢谢您认真听我讲话。"

还有一次，在大学的招生说明会上，我有机会和其他大学的教授一起与高中生对话。我讲述的是我自己的真实故事，包括我如何在艰难的环境下求学，寻找做学问的真正意义。讲着讲着，有位高中老师突然从教室里跑出去了。我还纳闷是怎么回事。原来，那位老师跑出去叫更多的学生来听我的演讲。

我讲完之后，那位老师还问我能不能让学生提问。得到我的允许后，有位高中生说："我今年17岁了，第一次意识到我之前都过着虚假的人生。”

听到此话我为之一怔。学生从小到大都遵从父母的指令好好学习，为的是上好大学、进好公司，但是我也感受到了他们内心渴望寻找自己的道路。17 岁的少年也许还不能确切地描述自己的理想和未来的道路。但是“虚假的人生”这几个字，是他发自内心的呐喊。在场的学生中，有 4 ～ 5 个学生号啕大哭起来。

“其他的教授说的都是不好好学习，就考不上大学之类的话。但是到了大学学什么，学习是为了什么，和实现自己的梦想有什么联系，他们都只字未提。但您截然不同，您刚开始讲的时候我还暗自觉得好笑，印尼人，讲着蹩脚的日语……但是听着听着就入神了。我决定要重新追逐自己已经放弃的理想。”

为什么这么一次小小的演讲，却能引起这样的动情告白呢？究竟是哪句话触动了他的心灵？这大概就是“真实故事”的神奇力量吧。演讲者的真诚与投入，拨动了听众的心弦，引发了共鸣。

介绍如何编写报告资料的书到处都有。但我认为，要想触动对方的心灵，一定得动真情，讲述真实故事。

3 加强师生互动，捕捉爆发瞬间

我和大家分享一部分学生的自我介绍，先听听来自斯里兰卡的留学生达斯妮的自我介绍。

斯里兰卡的内战已持续了26年，大家已经搞不清和平是什么意思。我父亲在斯里兰卡开公司，但在2007年，也就是我来日本留学的第一年，他的公司遭到轰炸。之后的3年，我的学费和生活费都是自己勤工俭学挣来的。斯里兰卡的物价与日本的物价不同，父亲虽然开着公司，但是赚钱供我留学也不是那么容易。为了对得起我的父亲，不辜负他的期望，我一直不放弃念书。我听说日本的广岛和长崎都曾遭受原子弹的袭击，当我意识到原来日本也经历过战争之后，我确立了在日本学习"和平与人权"，回斯里兰卡向人民宣传和平的可贵。

在座的学生都屏住呼吸，聆听她的演讲。原来，在我们的班级里竟然有这么一位饱受长期内战煎熬的同学。听了她的演讲后，那些不知和平宝贵的同龄人受到了极大的冲击。我评论道：“你的外语不错，比我讲得好。”因为我的课不是语言课，与她真实动人的故事相比，语言的不足微不足道。

接下来是日本女学生 W 的发言。

大家可能纳闷什么是真实故事，下面我说说我的体会。我求职活动开始得晚，所处状况相当不利。父母为此非常担心。我经常打电话与母亲商量……后来我回老家一趟。我那位耳聋的奶奶突然跟我讲起很多往事。在此之前奶奶从来没有和我讲过这些事情。

在我的父亲还是婴儿的时候，奶奶背着他，和爷爷一起走出家乡，当时穷得连第二天吃饭的钱都没有。忍饥挨饿、受尽煎熬之后，奶奶通过努力，终于取得了厨师证，在城里找到了工作。后来，她又当店员卖和服，因为业绩不错，得到了公司的重用。这时恰恰赶上我刚出生，为了帮父母照顾我，她才辞去了那份工作……听了这些话，我对自己说一定要坚强地活下去。如果当年奶奶不是背着还是婴儿的父亲顽强地活着，如果当年奶奶没有为了照顾我而辞去工作的话，我就不会有今天……这么一想，我择业的标准就一下子变了，我开始意识到坚强地活下去是最重要的。

她讲完之后，同学们踊跃提问：“坚强地活下去是什么意思？”她回答说：“不是轻轻松松地赚钱，过无忧无虑的日子，而是选择奋斗，踏踏实实地做点事情。”

现在的学生听长辈讲过去事情的机会越来越少了。听了W的话，我很惊讶，她能树立“不是为了赚钱而工作”的价值观，真是难能可贵。

自我介绍结束后，我收到了日本男生齐藤力的感想文：“我被W的故事震撼了，她的人生比我的更有意义。我也应该寻找人生的意义，改变求职的方向，还要努力在两天内提交作业。”在下一堂课，我问齐藤：“更有意义的人生究竟指什么？”齐藤说：“我也解释不好。”

其实齐藤下决心课后第二天就提交感想文的举动虽然精神可嘉，但时间上还是太仓促了，欲速不达。

对我的方法一直持消极态度的渡边旭写了感想文，而且是课程结束的第二天就特意发邮件给我，我简直不敢相信他突然表现出来的积极态度。

他写道：“我开始认识到我将来不仅想成为一名老师，更想成为能够进入对方内心世界，有影响力的好老师。”他还说他对自己的转变感到很意外。

其实，每个人的感受都不同，但是他们开始寻求转变，这就足够了，我已经实现了当初设定的教学目的了。

通过上我的课，大家慢慢地发现自己的内心世界开始有所变化，也确立了自己的奋斗目标……我也切实感受到大家的变化。这就是我坚定教育实践的原动力。

学生们对我的课程反馈也越来越好了，课后两天内交报告的学生人数越来越多。

我的教室沸腾了，学生心灵的火炬被点燃了！

4 感动引发心底共鸣，“真实故事”显现威力

现在来谈谈人的“社会性”。无法主动与人打交道，不和别人交流，甚至一个人躲在厕所里吃便当等现象都是“社会性”的反例。“社会性”是指一定程度上能自我表达并与

他人建立起某种联系的能力。

我把那些在书本上读不到，平时也很难听到的人生经历叫作“真实故事”，是当事人经历过，触动过他们心灵的人生故事。这些“真实的故事”，恰恰是对那些当事人的人格产生过影响的重要事件。

被邀请演讲的嘉宾们，讲述的都是发生在他们身边，曾经震撼过他们心灵的真实故事。但是为什么这些嘉宾在那么多的人生故事中唯独选了某个故事与大家分享呢？并且他们也不太可能每次都重复同一个故事……这真是让人越想越感到不可思议。

在那个教室里，面对着学生们，在当时的氛围下，大家互相传递着情绪……在种种因素的影响下，他们无意识地选取了某一段人生经历与大家分享，而成为最切合当时情境的选择。而他们讲述的都无一例外地符合我所给出的条件，即在人生道路上真实发生过的，触动过当事人心灵的“真实的故事”。

学生们被他们的故事深深打动了。因此，我认为人与人之间深层次的交流会引发共鸣。当讲述者接收到来自听众的反馈后，会建立起与对方更加积极的深层次的交流。听众也会感觉到讲述者不再遥不可及，而是近在眼前。这难道不是人的“社会性”的根本体现吗？

还发生过一件不可思议的事情。有一次我接受采访，和其他大学的学生进行交谈。其中一位女学生问起我童年的经历，我便说起了我继母的事。事后我回想为什么我当时会谈起那段经历呢？来日本 40 年了，我从来没有主动向谁提起过。

“我是在继母的棍棒下长大的，当然这也是无可奈何的事。当时我家里非常贫穷，我下面还有五个弟弟妹妹，所以每天留给我的只有一碗米饭。我经常饿着肚子，饿到极点时就偷家里的鸡蛋吃，可是一旦被继母发现，就会挨一顿打。18 岁时，我因为营养不良，个子只有 13 岁左右孩子的身高。

“长大以后我不断告诫自己，如果没有当年继母每天给我的一碗米饭，我也活不到今天。所以我不但不怨恨继母，还一直很感激她。”

说到这段经历的时候，向我提问的那位学生眼睛都不眨一下，直直地盯着我，视线一秒都没有从我身上移开。后来我才知道，当时她正在为她与母亲的关系而感到苦恼，甚至到了彼此连话都不说的地步。但是听了我怎样对待继母的回答之后，她在回家路上主动跟她母亲通了电话，从此改善了与母亲的关系。

我一直觉得奇怪：为什么从来没有跟人谈起过的一段往事会在当时突然就和某个人谈起来？而她为什么突然想

到给她母亲打电话呢？

关于学习动机的相关图书和报道，我要求每个人都要阅读，并且把读后的感想结合自己的亲身体验在全班同学的面前分享，演讲的时候可以借助于幻灯片列出要点。对学生们来说，最难的恐怕是我的硬性要求：“演讲的时候不能看任何参考资料。”

这项要求几乎每次都会引发学生的反对甚至抗议：“自己准备的资料又不是剽窃，为什么不能看？”但是我决不妥协，我坚持这样做，理由是如果要把自己的观点完完全全地向对方传达，必须先做到自己完全消化。不仅用头脑来记忆，还得用心去领会，用语言和身体姿势来表达。

以后踏入社会，表达自己的观点是一项必不可少的能力。无论是在职场，还是研究人员参加学会，都会有很多演讲的场合。那时候，表达的重要性就显得尤为重要。离学生最近的恐怕就是他们参加求职活动。

我以前任教的大学，接受过这样训练的学生毕业后都非常受公司欢迎。我在前文中提到过，曾有招聘负责人专门打来电话，要求我介绍优秀毕业生。

演讲的时间控制在 10 ～ 15 分钟之内，回答问题的时间是 10 分钟，必须严格遵守时间规定，长了、短了都不行。

学生们因为演讲时不能看资料，事先都得好好准备，反复练习。任何场合都不可能让你拖拖拉拉，无时间限制地讲下去，所以要把表达的时间控制在15分钟之内，完整清晰地表达出自己的观点。这样的训练，对以后的学习和工作非常有意义。

5 建立良性循环，唤醒学生的学习干劲

真实故事分享会期间，学生的反应越来越积极。24人的班级里肯定有21～23人到场，出勤率之高在大学是罕见的。每回提交上来的感想文都有“来上课真的很开心”之类的评价。而且大家都做到了演讲时不看任何资料，即使这个要求对大家来说是一项挑战，但是每位同学都坚持下来了。其中学生桦岛纯子还向我提出：“看到别人都在努力，我得再加一把劲才行，之前我提交的演讲稿和幻灯片资料是否能退回来，让我重写？”我欣然应允。

过去从来没有学生提出这样的要求，学生的变化真是非常惊人，他们已经进入到了被老师影响，以及与周围同学

互相影响的阶段了。同一个教室里的同龄人之间的“团队意识”逐渐形成，这种力量真是非常神奇。分享会上大家也开始由最初保持沉默，过渡到在理解对方观点的基础上，自然而然地展开讨论。

课堂的效果爆发具有连环性，已经有近一半人发生了可喜的正面变化。

轮到修改过演讲稿的桦岛同学演讲时，她站在讲台上非常镇定，不仅表情丰富，还不忘记和大家眼神互动，她幽默的话语引发教室中阵阵的笑声，大家都被她的演讲深深吸引住了，这种交流能力我觉得可以算社会性的一种。但是她讲述的内容其实一点都不轻松好笑，相反非常深刻。

“从小到大，我的家庭从来没有平静过，所以我从小就不喜欢待在家。我甚至想过，为什么我会来到这个世界上，我根本不想来。但是在上了这门课，听了大家的故事后，我的想法开始发生转变，我开始感谢我的家人。如果没有父母，我就不可能来到这个世界，不可能听到这么精彩的课，认识这么多好朋友。我想说，每节课都很有意思，也很实用。被大家感动的同时，我感到我的内心正在逐渐成长，就像看到一部好的影片，灵魂得到滋养一样。”

听了桦岛的演讲，张书楠同学写下了这样几句感想：

“我们一起欢笑，一起痛哭，引发心灵共鸣。”的确如此。为什么桦岛的演讲如此精彩？

一般人都认为，如果把自己的弱点暴露出来，很可能会被人抓住把柄并加以利用。桦岛很勇敢、很真诚，并信任这个团队，毫无保留地把困扰自己已久的问题讲了出来。正因为她原原本本地道出了她的故事，所以引发了听众的共鸣。其实，桦岛也犹豫过要不要把家庭关系问题暴露在大家的面前。最后她克服了种种顾虑，完成了演讲。从某种意义上说，她超越了自我。而且，正因为她讲述的是真实的故事，得到了大家的理解并产生共鸣，她得以更加自由地倾诉。讲述者和倾听者之间的共鸣把大家紧紧地凝聚成一体。

桦岛同学课上演讲之后，面向留学生发行的报刊记者采访了她。她谈到了心路历程：“因为父亲被公司派驻新加坡，我从小就跟父母在新加坡生活。后来才知道，父亲负责公司的清算业务，每天忙碌得像打仗一样，无暇顾及家庭，因此，我从小就不喜欢我父亲，在家时经常和他发生冲突。我甚至一度在想，为什么我出生在这样的家庭。听了陈教授‘积极面对人生，和困难做朋友’的教导之后，我突然意识到那时父亲正是为了这个家而拼命工作。所以，现在的我开始感激父亲。陈教授所讲的很多话都深入我心，我想这是因为陈教授放下了种种顾忌，真诚而且勇敢地与我们分享他的人生故事的缘故吧。我想毕业后考研，将来从事与非洲儿童教育发展相关的工作。现在，我感谢我的父母给了我丰富的阅历。今后，我想为发展中国家的儿童教育事业尽自己最大的努力。”

我分析桦岛同学的转变过程：最初她对父亲怀有“怨恨”，但是上了这门课后，她开始对此产生疑问，对父亲的行为及工作有了深层次的理解，这份理解最终使她迈入“原谅”的新境界。在我和周围同学的帮助下，她又从“原谅”升华到“感恩”，感谢父母给予自己生命，并让她能够拥有丰富的人生阅历。这一连串的转变真是美妙极了。

对于将来的发展，她没有按照父母给她规划的道路前行——发挥语言特长成为外交家。相反，通过自身的转变，她看清自己真正想要走的路。

周围的环境以及所发生的事，不一定都对孩子的发展起到正面的作用，大人的教养对孩子来说是无法违逆的绝对环境，对其成长的影响也十分巨大。我认为，人在成年之后仍然可以不断成长，完善自我。长大以后，回想童年的成长经历，把曾经的负面事件换一个角度来看，也可能隐含着某种特别的意义。桦岛的成长不正预示着她的前进方向吗？

曾经震惊世界的“东京秋叶原无差别杀人事件”，就是把自己的失败和压力归咎于他人，失去自控能力。这是完全丧失“社会性”的一个极端。

不论是好是坏，每一种体验都有其价值，所以桦岛对给自己创造了丰富人生经历的父母开始心存感激。现在的家庭教育和学校教育给予孩子的体验太单一了。

在桦岛精彩的演讲之后，高旗瑛美说起了一段她当网球选手时候的故事。

“在某场大赛之前，我接到了来自澳大利亚的电话，告知即将参加的比赛被取消了。当时我信以为真，后来才知道这是和我对战的选手的父亲故意撒谎，目的是让我不战而败。在我知道真相后，立即向举办方提出了抗议，但因为我的英语不好，没能把事情解释清楚，我的抗议被驳回了，我感到无比愤慨。”

天啊，居然还有这样的事！听到这里，同学们都感到非常愤慨，但是高旗的故事还没有结束。在遭遇了不公平的对待之后，她没有消沉，而是选择了超越。她现在英语已经能说得像母语一样流畅自如。

高旗的演讲之后，我收到了张书楠同学的感想文：“你才是真正的赢家。”说得太好了。高旗是一位真正的赢家，她的故事就像电影一样精彩。大家在听到这样的故事之后都向她致敬：“你是真正的赢家！”

上完一天的课走在回办公室的路上，我感觉整个人像是被抽空了一样疲惫，甚至连站立的力气都没有了。旁人也许很难体会，其实要上好每一堂课，从编排设计到课堂内容氛围的控制都非常消耗精力和体力。

我的教育法并没有什么宗教的神秘因素。一分耕耘一分收获。看到大家的种种成长变化，我感到万分欣喜，更觉得要加倍努力！

第五章

挫折是飞跃的前兆

1 失败是成功之母，挫折后重新振作

2010年，在南非举办的世界杯足球赛上，日本代表队跻身前16强，可谓是日本足球史上的一次重大突破，其中本田选手的表现更是出色。我阅读有关报道，了解到本田选手在初中升高中的时候，居然落选于青年精英队，只能在社区队继续踢足球。这么优秀的选手为什么没有入选？我通过大量收集有关他的资料，发现他的人生道路很坎坷，也正是因为遭受一系列挫折，才促成他今日的成功。

据我分析，在初中升高中时，本田15岁左右，正是多愁善感的年龄。众所周知，成名的职业足球、棒球选手，一般都是从小就崭露头角，接受专业训练，经过层层选拔，脱颖而出。本田上高中时，在选拔中被淘汰了。对他而言，从幼年时期就憧憬的世界杯的大门对他紧闭。要知道，他正处于情绪高低起伏的青春期，我想他一定遭受了极大挫折，从此离开球场也不足为奇。毕竟对于一个孩子来说，这是桩无

可奈何的事。青少年虽说体格健壮，但在心理上还处于不太成熟的状态，这个时候被剥夺了人生的重大目标可谓倍受打击。但是本田并没有放弃，他在进入高中后仍然坚持踢球，并再次展现才能，重新被选拔上，回归职业球队。

那篇报告中还给出了不少例子，原来这支足球代表队中还有几名像本田一样曾经落选过青年精英队的选手。文章最后总结道："正是因为他们遭遇并战胜挫折，不断磨炼自己，所以比起那些从小就一帆风顺的精英意志更加坚强。"

在与丹麦队对战的时候，本田传给冈崎的那一球实在太精彩了。不可否认，本田自己也想进球，但是为了更稳妥，他把球传给了正好在球门前的冈崎，把射门机会让给了他。大部分明星选手都想显示自己的球技，尽量自己进球。但是本田不同，他把鲜花和掌声让给了冈崎。因为本田将团队的使命看得比个人的荣耀更为重要。从某种意义上说，他才是真正的领导者。那一幕，全日本都被本田的品格所感动。真正的领袖能把大家团结起来，也正是这份团结，引领日本队跻身世界杯前 16 强，揭开历史的新篇章。我相信这份感动一定会带来更多奇迹。

为了调动学生们的课堂积极性，我准备了各种"活材料"。

就以早稻田大学的学生为例，初中、高中到大学，他们在每场以“学习成绩”为衡量标准的比赛中，一轮接着一轮获胜，最终脱颖而出，进入名校。如果是足球选手，能够参加世界杯并得到好成绩，就会一举成名，收入颇丰。能考入日本最难考的名校之一的早稻田大学，毫无疑问，也是进入了精英行列，这意味着将来能有更多的发展机会。

但事实上不少学生在大学期间迷失了方向，学习不求上进。初、高中阶段努力学习是为了考上名校，为什么上了大学之后他们会突然停下脚步？也许环境是不可忽略的因素之一。新生一入学，便有各种课外活动小组拉他们加入，不久他们就沉迷于各种课外活动，对做学问就不再投入时间和热忱了。这样一来，四年一晃而过。他们对未来没有做好充分的准备，没有真才实学，求职时只能靠运气，往往工作后陷入失败的境地。相反，在敏感的初、高中时经历过一定挫折的学生，会在克服困难的过程中得到更多锻炼和成长。

我之前提到过，我在青少年时代经历了现在的学生无法想象的艰难困苦。当时，印尼的义务教育仅包括小学 6 年，但是仍有 40% 的学生连小学也毕不了业。我能够升入高中实属幸运。其实，我从小学到初中，对学习的意义都懵懵懂懂，成绩也不好。而且，因为个子矮小，家里穷困，经常遭到欺负。待在家里时，继母不是打就是骂，于是我情愿大清早就去学校。闲来无事，我便开始打扫教室。没想到这个小小的行为被班主任和同学注意到了，一直以来嫌我家里穷、成绩不好的同学，对我的态度一下子都转变了，大家开始接纳我了。这件小事改变了大家对我的态度。

我开始认真思考："怎样才能帮助更多的人？"

我发现有件事值得做，那就是好好学习，帮助那些成绩差的同学。于是我开始拼命学习数学和物理，利用课余时间辅导那些数学、物理不怎么好的同学，他们自然很感激我。而且我意外地发现，通过帮助同学，我的成绩也变得越来越好，甚至连一向对学生非常严厉的班主任彭老师都特意表扬了我。

其实我心里有点惧怕彭老师，因为他动不动就体罚学生，从来没有表扬过任何一个学生，唯独我被他破例表扬了一回，我现在还清楚地记得那时激动惊喜的心情。当然，同学们对我的态度都十分友好，投票选举班干部时，我还被推选为学习委员。我第一次切身体会到了学习和帮助别人带来的快乐。

"9·30"事件以后，印尼近700所华人学校被全面关闭，中文被禁用，华文报纸也被迫废刊。那段日子可谓是政治黑暗，家境贫困，每天连玉米也吃不起，我严重营养不良，17岁时身高只有134cm，体重37kg，简直像根“黄豆芽”。和现在的学生相比，我当时所处的环境真是恶劣到他们无法想象的地步，但是我并没有随波逐流。相反，身处逆境，磨砺了我决不放弃的坚强意志。

由于“9·30”事件，我刚上高一就被无情地剥夺了学习机会，但是我决不听从命运的摆布！

我开始了一项特别行动：志愿为那些穷苦的失学少年补习中文。

2　成为让人产生共鸣的人，信赖的力量可以转变学生

印度尼西亚的义务教育仅到小学毕业，而且，能从小学毕业的人数也十分有限——因为贫穷。如果读书写字都不会，怎么能脱贫呢？不努力学习，一辈子只能在贫困中挣扎。

然而，即便上了小学，也没有想象的那么顺利。

众多孩子当中，除了少数孩子很想学习，大多数孩子连

学习的意义都不明白。为此，我想出一个独特的解决方法。

在印尼，十分流行放风筝，其乐趣不仅是放风筝本身，更在于风筝和风筝在空中战斗，人们打赌哪个风筝将获胜的过程，大人小孩都乐此不疲。我十分擅长这种“风筝大战”！

“风筝大战”的规则是谁先斩断对方的风筝线谁获胜。大家为了切断对方的风筝线，同时保护自己的风筝，可以说是八仙过海，各显神通。我也决不输给他们，下功夫制作所向无敌的风筝线。

我来到孩子们中间和他们比试，让他们亲眼看到我百战百胜的过程，却不告诉他们其中的奥秘。孩子们当然羡慕而且敬佩竞技活动中的强者，他们擦亮了眼睛，渐渐地往我身边挤，说自己也想百战百胜。于是我把秘诀传授给他们。

刚才说过，只要把对方的风筝线切断就算赢了。“我把破灯泡打碎研成粉末，小心翼翼地粘到风筝线上。”这可是我的独创秘诀。破灯泡到处都有，可是想到这个方法的只有我喽！孩子们听到后高兴得跳起来，马上动手尝试，结果个个轻松获胜。

这么一来，我完全取得了孩子们的信任，只要我说一声“咱们好好念书吧”，谁都不会反对。在孩子们热衷的游戏上助他们一臂之力，自然不会有孩子出来跟你对着干，恐怕世界上的哪个国家都一样吧。

那时印尼的政治氛围很不好，华人聚集在一起很危险。“危险”有两层含义，从政府角度来说，认为华人聚集在一起就是在预谋什么。在我们看来，危险是因为不知道什么时候就会被武力镇压，可能很多年轻人并不了解这段历史。一部名为《我是杀人魔王》（*The Act of Killing*）的纪录片入围第86届奥斯卡金像奖，该片收录了大量有关印尼前总统、军事强人苏哈托时代屠杀大量华人的影像资料，深刻地揭露了“9·30”事件的内幕，在国际社会再度引发了对印尼这段黑暗历史的关注与反思。[1]

可想而知，当时印尼华人的一举一动都被无数双眼睛盯着。为了避开当局的暗中监视，我把为数不多的几个孩子编成三组，每组每周上两次课。这就是引导我走上教师之路的契机。

事情进展并不顺利。明明孩子们想来上学，有的家长却不同意，并且百般阻挠。

一天，我上门家访，想说服孩子的父亲同意孩子来上课。小矮房里透出昏暗的灯光，进去一看，出身极为贫寒的我，也觉得这孩子家里穷得可怜。孩子的父亲喝得烂醉，对我怒叱：“少管闲事！”尽管每次都会挨骂，我还是不只一次地去家访，想说服孩子的父亲。我仔细端详着灰暗的墙壁，发现墙上粘满了无数蚊子的尸骸。于是我把储蓄罐里所有零花钱拿出来买了些便宜的石灰和白粉，来到孩子家，动手把墙壁刷成了干净的白色，看到我的举动，孩子的父亲终于和我搭话了。

从谈话中获知，这位父亲以前居然是一名教师。他应该明白让孩子学习的意义，可为什么一直拒绝我给孩子补课呢？

聊了大半天，孩子父亲向我吐露，他也是这场高压政治下的受害者。他说："至今为止，很多人来过我家，在我看来，他们都是不值得信任的，只有你完全不同。要是由你来照顾我的孩子，我完全放心。"

诚心诚意才能打动人。只要真诚地去面对，大部分的困难都能被战胜。这位父亲态度的转变，让我更加懂得了这句话的含义。

我对待学生的态度，从当初到现在从来没有改变过，那就是竭尽全力。渐渐地，孩子们被我的热情所感染，越来越喜欢学习，并开始理解学习的意义。

当时，印尼600多所华语学校全部被关闭，所有华文报纸都被禁刊，但我没有认输，反而六年如一日地义务地给华人孩子补习功课。印尼，我亲爱的祖国，从我出生起，灾难就一次次降临在我的身上。我接受命运的安排，只想做点力所能及的事情，希望为弘扬中华文化尽绵薄之力，连抱怨“世道不好”的时间也没有。

当时印尼对华人还实行种族隔离政策，与曾经在南非实行过的臭名昭著的种族隔离政策如出一辙。《PP10》法律规定，除了一些大城市，华人不准经商，而且居住区域也被限制。那些反对政府的人，全家突然失踪的事情也时有发生。往事不堪回首，处于“民族净化”的残忍统治之下，印尼华人的处境异常艰难。当时东南亚的其他国家的情况却并不是如此，新加坡和马来西亚的华人都有平等接受教育的权利。

我高一刚上了3个月，便辍学回家，在哥哥的家用电器商店里帮忙，一边维修家用电器，一边开始自学与电子电路相关的知识。店铺的经营状况非常好。哥哥盖了新房，买了轿车，甚至泗水市某银行行长也托人来为女儿提亲，哥哥成为当地的成功人士。我也当上了店长，金钱方面也无须忧虑。可是我并不满足，我有了新目标——去日本留学，学好电子电工技术，今后回到泗水市开办一所电子技术专业学校！

“为什么非要去留学呢？”“现在的生意蒸蒸日上，你出入体面，衣食无忧，算得上成功人士。”亲朋好友都强烈反对我去留学。我为了实现自己的目标，不顾他们的反对，踏上了留学日本的旅途。

[1]

入围奥斯卡的印尼屠杀华人纪录片《我是杀人魔王》，反映了30万华人被杀的情景。

“9·30”事件发生于1965年的印尼军事政变，时任陆军战略后备部队司令的苏哈托，在全国策动反共大清洗，大批共产党员被杀，许多华人被当成共产党员处决。学界分析，“9·30”事件中，至少有30万华人丧生。

美籍导演奥本海默花了6年时间，访谈了众多当年杀死数万华人的暗杀队员，才完成纪录片《我是杀人魔王》。这部影片以反思的角度，由当初参与杀戮的行动者现身说法，带领观众重新检视历史悲剧。暗杀队队长安瓦尔在片中描述了各种他最喜爱的杀人方式，并称他曾在杀死人后，用唱歌、跳舞的方式庆祝。

奥本海默在获知入围奥斯卡后发表声明，基于安全起见，他的拍摄伙伴全部匿名，也希望纪录片的入围激励更多印尼人要求国家领导负责。当年的幸存者阿斯塔曼接受媒体访问时表示，即使国际媒体关注这部纪录片，印尼政府若不愿承认，电影的问世也无济于事。

印尼国家人权委员会委员罗伊查杜耳则表示，苏哈托主政时曾拍摄电影颂扬“9·30”大屠杀，几代印尼人都被洗脑了，《我是杀人魔王》可反映这种错误认知，并使人从错误中反省。

第六章

至少要有决不放弃的精神

1 超越困难的最佳方法，明确自己的终极目标

我 26 岁时考入东京农工大学，与比我小 6 岁的同学一起上课。我在东京农工大学度过了 6 年时光，一直到硕士毕业。

我去日本留学前，已经订婚了。我原本和未婚妻商量好，在日本学习一年电子技术，然后回国创建电子工学专业学校。我离开未婚妻时，暂且安排她住在哥哥家，给店里帮忙。一年时间转眼就过去了，当我得知留学生也可以参加普通高考，通过考试可以上大学的消息时，简直欣喜若狂。当时在印尼，华人再优秀也没有机会上大学，只能做生意谋生，更别说当公务员或教授。于是我拿出头悬梁、锥刺骨的拼命精神，花了两年时间学习日语，并准备高考，最终顺利考上东京农工大学。

考上东京农工大学后，我又再接再厉。入学时我就发誓要拼命学习，大二时，我通过了各项审核，荣获日本政府的

“国际学术奖学金”。这项奖学金获得难度很高，整个东京农工大学只有 23 个名额。托奖学金的福，我的学费全额免除，每个月还给发放基本生活费。

大三时，哥哥的店铺出了事，不是天灾，而是人祸。哥哥的店铺位于泗水市最繁华的中华街，那里华人商铺超过 4500 家。在印尼，嫉妒憎恶华商的人不在少数。某天深夜，有人故意纵火，哥哥的店铺与中华街的 4500 家店铺均毁于一旦。尤其过分的是，印尼的消防队也很腐败，不给贿赂就不去灭火。也许有人会说自己灭火不就好了吗？但事实上事情并没有想象中那么简单，当时，印尼警察封锁了整个街道，不让任何人出入。大火燃烧了四天四夜，想救火的哥哥一直被隔离在中华街外，只能眼睁睁地看着大火吞没一切。

与发达国家不同，当时的印尼华商还没有购买财产保险的习惯，全靠自己保护家产，哥哥的店铺自然也没有投保。哥哥急得一夜白了头，身体也一下子垮了。得的肝炎至今尚未痊愈。家里发生了这样不幸的事情，我的生活也是一片黯然。我省吃俭用，攒钱买了机票回国探望亲属，顺便完婚。

在东京农工大学的 6 年，我两耳不闻窗外事，一心读书，别人拿 130 个学分，我拿了 220 个学分。我如饥似渴地汲取知识，疯狂选课，不管是哪个系的课程，也不管是经营管理，还是与日本妖怪相关的日本民俗课，我把能报上名的课都修了个遍。一次，我打篮球脚骨折了，教授说不来上课也可以，我不愿放弃任何学习机会，还是咬牙忍痛来到教室，教授和同学们都十分吃惊。

其间，我离妻别子，专心苦读。为此，我的家人也做出巨大的努力和牺牲。硕士毕业前，想到读完博士，或许能在日本谋职，我又说服家人，一鼓作气，攻读博士。读博士最后一年，我把妻儿接来日本，全家团聚。

我在东京工业大学攻读工学博士，获得我的第一个博士学位。我想皇天不负苦心人，毕业后怎么也能在日本找个差事，养家糊口。谁知当时日本就业市场相对闭塞，又因为我是外国人，博士毕业前后投了 100 多封简历却无一回信。不得已，我又萌生了继续学习的念头。由于东京农工大学和东北大学都是国立大学，一些课程互相承认学分，3 年后，我拿到了东北大学医学博士学位。

东京工业大学的工学博士，再加上东北大学的医学博士，按理说，双料博士在日本应该不愁找份工作。但是投出去的简历仍然石沉大海，甚至没有人约我面试。东京工业大学的一位恩师推荐我到某大学应聘讲师职位，可工作人员连我的简历都懒得往招聘小组递。他斜着眼睛，攥着我的简历阴阳怪气地说："印尼人不配教我们日本人，印尼既出不了科学家，也出不了教授。如果你想教印尼语，倒可以考虑。”那位工作人员不看我发表了多少论文，取得了什么成绩，就因为我来自第三世界国家，虽有恩师推荐，也被拒之门外。

一次，偶然看到东京农工大学二年级的学弟被日本的《每日新闻》报道，我突然闪过一个念头：或许，上了报纸求职就有希望了！于是我急匆匆去了日本的印尼大使馆。接待我的是位五十几岁的工作人员，我说明来由，拜托她将我的事迹介绍给驻日报社记者进行报道，因为我是第一个在日本取得双博士的印尼人。可是我却碰了一鼻子灰，她根本不把我当回事，尖刻地说：“不就是东京农工大学、东北大学的双博士嘛，有什么了不起的？哪家报纸会报道这类鸡毛蒜皮的事情！”这话犹如冷水泼面，我被羞辱了一顿，悻悻然离开大使馆，心里愤愤地想：狗眼看人低！可是我仍然觉得又懊悔又委屈，眼泪夺眶而出。我在心里发誓将来一定要干出一番事业，得到社会认可，为祖国争光。这份懊悔和委屈，成为我发愤图强的动力。不久，我成功挑战医学界难题，发明了世界领先的超音波造影剂。我从心底感谢这位“尖酸刻薄”的女士，不打不相识，现在我们成了关系很好的朋友。

时光荏苒，不知不觉我已经38岁。3个孩子还小，我又没有固定工作和收入，全家生活没有着落。一向温顺的妻子终于忍不住，哭哭啼啼地抱怨道："你到底要学到什么时候，学来学去又没有分文收入，全家人怎么生活？房东又来催收房租，家里已经没米做饭了……"我心如刀绞，觉得38岁还不能在社会上立足，真是愧对妻儿。我和妻子商量，让母子四人暂时寄居在中国香港的亲友家，我决定只身去美国寻梦。

1988年，我自费赴美参加国际超声波学会，并在会上发表了我的研究成果。经美国超声波学会泰斗的介绍，美国德雷塞尔大学邀请我任教，不久就将我提升为副教授。我领导的研究课题，获得美国国家卫生健康研究所100万美元的研究经费，我的美国梦即将成真了！我把妻儿从中国香港接到美国团聚。1990年，托马斯杰斐逊大学聘请我担任兼职副教授，我在美国过着研究学者的生活，转眼3年过去了。一天，我突然接到东京工业大学奥岛恩师的电话，询问我愿不愿意回到日本，在一所新成立的大学担任教授。我心情复杂，要不要放弃唾手可得的美国发展机会，回日本重新开创事业？奥岛恩师的话语听起来如此亲切，在我还是一介穷学生的时候，是日本给了我学习深造的机会，并给我提供了奖学金，我才获得双博士学位。这时候，那些曾帮助过我的好心人的脸庞清晰地浮现在眼前。俗话说，滴水之恩，涌泉相报。我决定接受恩师的邀请，回报日本对我的培育之恩！

几乎所有亲友都反对我回日任教："文权，你想想看，当初求职时，没有一所日本大学接受你，现在看你在美国搞科研有了点名气，又想邀请你回去，你根本没必要回去啊。"

可我再一次不顾他们的反对，像当初决定去日本留学一样坚定，我选择离开美国，回到日本。他们也许很难理解。但对于我来说，回日本工作，一方面，我对日本多年的培养怀有感恩之心；另一方面，祖国印尼的教育和科技迅速发展，华人的地位也有所提升，我留在日本，也许将来能为祖国的发展尽些绵薄之力。没有比回报日本培育之恩、印尼养育之恩更幸福的事了。那时的我也好，现在的我也好，一直深信这一点。

在亲戚朋友看来，我拿着美国的研究经费专心搞研究，副教授的饭碗很稳当，一直可以干到退休。放弃美国梦回日本，大家都觉得我可能有点精神不正常，但这是我做出的一项重大决定。

大学生求职时有什么标准？是选择名气大的企业，薪水高的工作，还是"这是我喜欢的工作，这是我想从事的工作"？有后一种想法的学生实在不多。结果，各自在不喜欢的岗位上工作几十年，直到退休。这样的人生，在我看来远远够不上“幸福人生”。

选择大学也是同样道理，当问起来为什么选择了现在的大学，美国大学生一般回答：“这里有我感兴趣的课程，还有好导师。”再看看日本的情形，我现在执教的早稻田大学，很多学生是由父母帮助选择学校的，而学生本人大学在校四年，一直没找到自己的兴趣所在，要知道没有目标就难有动力，碌碌无为混日子，实在是很不幸。

2 首先要倾听自己的心声，并积极听取学生的意见

我接受恩师的邀请，来到神奈川县横滨市的桐荫横滨大学执教。从大学排名来看，这所大学排名靠后。不过我在此创立并实践了“陈文权教育法”，也遇到了形形色色的学生。

有位学生，暂且叫他 Q。Q 是怎么教导都无动于衷的学生，不管正确与否，他一点都不愿意改变自己做事的方式。我在工学部的研究室里曾多次教导他，可他却没有半点起色。不仅如此，有一天，我在研究室居然接到他母亲打来的这样的电话：

“陈教授不用苦口婆心劝说我家的孩子改变，他现在这样就挺好的，用不着您对他讲些无聊透顶的废话！”

Q 入学时是全校前五名，在这所大学属于十分优秀的男生，他十分骄傲，我的话他不但一句都听不进去，还一字不漏地进行反驳。与其他学生相比，我在他身上多花了几倍的时间。

我仔细观察他的言行，发现了他的一大特点：每当我表扬比他成绩差的学生时，他就如坐针毡，对我的反驳也更加激烈。自己不是第一名就受不了吗？莫非他是以逆反的态度吸引我的注意力？3 年过去了，一天，我无意中问他：“你有没有尊敬的老师？”出乎意料，这句话引发了他的巨大变化。

我的话音刚落，他便滔滔不绝地开始跟我讲述他高中时的一位女老师的故事。话语中洋溢着热情，内容也十分有趣，我没有打断，只是倾听，一字不漏地听完他讲述。从那以后，他对我的态度发生了 180 度的转变，对学习也用心起来。心理学上怎么解释这种现象呢？后来我意识到，找到与对方的共同话题，是实现“感动教育”的要素之一。

和 Q 之间的“恩怨”花了整整 3 年时间才消解。这场“冰释前嫌”不仅引发了他惊人的改变，还有出乎意料的波及效果。一天，Q 的父母来到我的研究室，说起孩子的巨大变化，他父亲激动地流下了眼泪。

原来，Q 的父亲是一家小贸易公司经营部的管理人员。他说："原来这孩子非常任性，对父母的话完全当作耳旁风，一句也听不进去。就在前些日子，他开车闯进了农家，自己也擦伤了。可是他真的突然转变了，如今我们父子俩也能时不时地一起小酌两杯，聊聊天，谈谈心，我心里说不出有多开心。我本人在公司任高管，本来仕途顺利，不料最近整个行业不景气，销售业绩上不去，感觉在公司每天都挺不直腰，我第一次体会到从高处落下来，高不成低不就的那种感觉。我儿子原本成绩很好，但是没能考上第一志愿的大学，因此，进入桐荫横滨大学让他有很大的失落感。他和我一样，是从高处落下来的人，从那之后就很难重新站起来。我琢磨着他年轻时多吃一点苦，也许是好事。"

在学校他的态度转变以后，Q 对家人的态度也转变了。我能想象，他的心中一定有过很多纠结吧。但是，无论是怎样严峻的考验，只要克服了，自己就会变得更坚强。

经过这件事，我也明白了一个道理：倾听心声是多么重要。Q 将他深藏在内心的这段宝贵故事"倾囊而出"，期待我同样珍视它。我小心翼翼，全神贯注倾听他的讲述，正因如此，他逐渐向我打开了他的内心世界。

诺贝尔和平奖获得者特蕾莎修女曾经说过："爱的反义词是漠视。"我觉得非常有道理，完全不接受别人进入自己内心世界的人孤立无援，活得很辛苦。"漠视"如同毒药，杀人于无形之中。

因为我有工学和医学跨专业的两个博士学位，在美国又一直从事医疗器械的研究，桐荫横滨大学理事长交予我一项重要任务：运用专业知识，创建国内医用工学系。

1999年，我负责组建了日本第一个"医用工学研究中心"。那时，这所大学里有双博士学位的也只有我一个人，理事长亲自抓此项目，于是我废寝忘食地写项目策划书。理事长不仅是经常出现在日本各大媒体上的名人，在大学里更是说一不二的人物，得到理事长的器重并被委以重任，我十分开心，将我的学识倾囊而出，想开拓这块一直得不到日本学界重视的领域！

放暑假了，我稍作休息便立刻返回东京写计划书，A4的纸张，整整写了50页。当我把这份凝结了自己的智慧和心血的计划书交给一位教授的时候，却听到不可思议的一句话："内容不错。只是你的名字不能被写上去。"这是我花了一个暑假写成的计划书，为什么不能写我的名字？在交给大学的计划书的封面上，甚至连我助手的名字都一个没落，只是上面没有我的姓名。

“连助手的名字都写在计划书上，我是教授，为什么没有把我的名字加进去呢？”我去找他们问个究竟时，甩给我的却是更加令人难以置信的话：“你不过是个外国人，这里可是日本！”

仅仅因为我是外国人。

在这所我倾注了全部热情与心血的大学，我又一次遭受莫名的践踏……

3 感动相互交织，唤醒沉睡的内在动力

“因为你是外国人……”

这是我来到日本后听到的最多的一句话。也许是因为过于伤心，我欲哭无泪。找同事商量时，他们却建议我“不要闹得太厉害”，或者“说明白情况就算了”。这可能是日本人“多一事不如少一事”的做事风格吧。

我的要求是理所当然的，可是却没有一个人站出来支持我。我坚持一定要把我的名字写在计划书上。经过我的不懈努力，最后我的名字被加在了末尾。我感觉内心被无情践踏。

计划书通过审核，研究中心得以成立，接下来便是课程设置以及教师任命等工作了，学校把这些任务都交给我一个人办理。

在短短一年之内，我单枪匹马处理了这么多事情，可周围消极的反馈让我觉得自己是个没用的人。这种内心的慢性折磨终于把我身体拖垮了，无论我怎样鼓舞自己，我都觉得四肢酸软，浑身无力，做事提不起一点兴趣，就好像有人绑着我的手脚一样，寸步难行，甚至连我研究室的助手都公开和我作对，我因此患上了严重的忧郁症。休职半年后，学校逼迫我在辞呈上签了字，上面写明是因我个人原因提出辞职。就这样，我离开了付出近10年心血的桐荫横滨大学。

带着遗憾，我离开日本，回到美国家中休养，到处求医吃药也不太见效。我搞不清事情为什么会发展到这个地步，是因为理事长器重我，还是因为我热心教导那些像Q一样的问题学生？是因为这种器重和学生的改变引起其他老师的嫉妒……我没有心情做任何事情。如果逼迫自己想问题，便感到头脑里像走马灯一样，天旋地转，无法站立，还想呕吐。病情严重时，我连妻子和女儿的面孔也恍惚难辨。我萌生了返回祖国印尼休养的想法。

我坐着轮椅，回到阔别多年的泗水市，故乡的风，故乡的人为我抚平了久久无法愈合的创伤。听说我回老家探亲，亲戚朋友前来看我，其中有一位老人激动地和我用力握手。我简直不敢相信自己的眼睛，这位 60 岁左右，头发稀疏，戴着方框眼镜，额头宽阔的人，竟然是我从小学到高中的班主任彭连长恩师。时光如梭，一别 35 年，往事如烟，我百感交集。

“文权，你能不能把自己在日本的知识经验给大家分享一下？”老师问我。

我当时忧郁症很严重，刚开始我一直犹豫要不要去，但是考虑到这是来自生活上鼓励我、学问上指导过我的恩师的邀请，最终还是没有拒绝。我在印尼没什么名气，但演讲当天竟然来了 800 多人。据说是因为大家听说我在日本取得博士学位并在那里任教的事情之后，口口相传，吸引了这么多人前来。最让我吃惊的是，听众当中企业家们占了大多数。演讲中，我把自己执念赴日，吃了各种各样的苦头，遭遇了各种各样的冷眼，把握机遇实现学术抱负的真实故事，热情地传达给了在座的各位。

“陈教授，我真的很感动！”

“真想继续听您的故事！”

这次演讲赢得了大家的好评。

出身印尼，在国外担任大学教授的人可以说是凤毛麟角，我的事迹被当地媒体重点报道。演讲后，我总觉得自己好像发生了些变化，因遭受桐荫横滨大学的不公正对待而身心俱疲的我好像开始一点点好转起来。

在故乡印尼，我切身感受到了人心的温暖，大家因为我的故事而喜悦、感动，尊敬而礼貌地与我交流。感受到这一点，我的心病仿佛又好了一成。

“能成为对别人有用的人，这就是我的幸福。”

一股动力在我的心中重生了。我从忧郁症的绑缚中破茧而出，花了整整 3 年的时光。

后来我得知，我参与创立的医用工学学科现在正式成为医用工学部，受到了社会广泛的关注，甚至有学生放弃东京工业大学而选择来到这个学部，也有从中东远道而来的公费留学生。据闻，先端医用工学中心得到了文部省 15 亿日元的专项经费。我对当时那位策划建立这样一个学部的理事长的远见感到十分佩服。

除此之外，在这个时期，我心中又有了一个新的目标，那就是在东京理科大学取得药学博士学位。虽然忧郁症曾使我一蹶不振，但凭借自身的意志力，我从这种状态中完全解脱出来了，并保持心底深处依然蕴藏的热情，我发起了对第三个博士学位的挑战。

第七章

等待，观察，做出选择

1 无须设定正确答案，一切跟从本心指引

回想往事，在人生的一些重要时刻，我总是做一些与周围人们的期待相反的选择，决定来日本留学也好，还是重返日本也好。

在我第一次提出要去日本留学的时候，哥哥说："你现在事业蒸蒸日上，为什么要放弃这等同于总经理的位置，花冤枉钱去日本学习呢？"

我告诉他："我不想当总经理，现在工作也不光是为了赚钱，我真心希望学习电子工学，回国后创立一所电子工学专业学校，让印尼人也可以掌握这门学科。"

后来，我又接受了桐荫横滨大学的邀请，准备离开美国重返日本，哥哥以及我的美国同事的反对也在预料之中。如果那是一条即使与最亲近的人对着干也要去走的路，是一条有如此强大的意念支撑的路，那么就应当坚定地走下去。如果那是从心底冒出来的决定，本人也做好了吃苦的心理准

备，即使失败了，也不会遗憾终生。

然而，要注意的是，对周围的声音不管不顾，以一己之见决定自己的未来是一件非常危险的事。假如本人的积极性不够强，不情愿地做着不喜欢的事情，抱怨和不满就会增多，并且很有可能会把责任推卸到别人身上。

如今，整个日本社会都弥漫着把安全和稳定摆在首位的风气，却没有根据具体情况具体分析，这样的安稳对于我们的生活真的是有益的吗？比如考大学这件事，对于日本人来说，首要难关就是东京大学和京都大学这种一流的国立大学。要是上私立学校，就首选早稻田大学和庆应大学这类私立名校。孩子的家长往往什么都不考虑，就把考名校的重任压在孩子身上，为了上名牌大学，就要费尽心思去考虑上哪个初中、哪个高中。父母把孩子的“安全”和“平稳”放在首位去考虑也是世间常理，对于这一点，我也的确没什么好反驳的。可是，像Q这样的孩子，把梦想深埋在心底，遵从父母设定的选择，为了一个无法理解的目标逼迫自己努力，这样下去真的能拥有父母所期望的安全而平稳的幸福生活吗？

大学是什么地方？为什么上大学？这些问题在我看来都是十分基本而且重要的。为什么那么多人听完我的人生故事之后都会觉得震撼？如果您了解日本社会的风气，那么就很容易理解了。在意周围人的眼光而过着安定却不幸福的日子；或者无视他人的目光，选择幸福但不一定安定的日子，到底该选哪个？问题很难，答案却不难给出，我认为还是要听从本心的选择。

事实上，真的有学生在听了我的课之后改变了选择职业的态度，“快乐地工作，快乐地赚钱”或者“选择自己的路，而不是父母期待的路”，这成为他们新的择业标准。人若是能寻找到自己真正想学的东西、想做的事情，他的一生都会不同。他将不再被逼着走，而是自主地行动。因为是自己想做的事情，动力发自本心，不用别人催促也会努力，这就是我强调面临选择的时候要“听从本心”的原因。

年轻人经常面临着两个疑惑：一是找不到想学的东西，二是找不到想做的工作。其实，这就是对“出路”的疑惑。“我本来也不想来现在就读的大学，也不想学现在的专业，都怪父母不理解我。我仅仅是遵从了父母的意愿才做出这样的选择。”我经常听到学生们这样说，可以说这个回答已经成为他们转移责任的借口。

我教过的学生中，M 是这样一位和父母关系不和谐的学生。对我教的课，他总会写一些带有攻击性的感想。可是这门课程的教授不仅仅只有我一人，M 的感想文里没有提及具体是哪位教授，但他写道：“我准备在下堂课上说些过分的话，妨碍上课。”继续读下去我才明白，他这么极端的情绪竟是因为某位教授的一句话。M 说：“虽然不太能听得懂，我还是想努力地跟上课程进度，仔细地听讲，记笔记，读参考书，也经常去找教授问问题，可是教授没能解释清楚，他反倒觉得是我没有认真听课，没有完全理解就继续追问。”因为这一句话，他一下子失去了学习的动力，最终没能拿到足够的学分，只好留级了。

“我这么努力，可是还是没有拿到学分，这全是因为教授的讲解方法有问题，责任明显在教授身上。要是他看到现在的我，因为学分不够而留级，也许不会对我说‘你到底行不行啊’这类话了吧。到底凭什么摆出一副高高在上的架子呢？如果再遇到这样的情况，我仍要抗议。而且希望他以后能调整课程，从零开始教起，让学生更容易理解。”

他实实在在地写出了自己的需求。从一个教授的角度来读他的这篇感想文，我发现，虽然他的攻击点只是在指责因为这位教授的缘故他没能拿够学分毕业这件事情，但我觉得这其中也许还有别的隐情。于是，我把他叫到了自己的研究室。

M 遵照约定时间，非常准时地来了。由于他的感想文写得有些独断，作为教师的我就多多少少推测了一下他的性格，感觉他应该不是那么听老师话的孩子。看他这么守时，我多少有些吃惊，对他的看法也有了一些改变。

谈了整整两个小时，我才明白，原来他去年 12 月已经和家人断绝了亲子关系，之前就觉得他气质中不知哪里让人感觉有些阴暗，看来可能和这件事情有关吧。

他对我讲述了自己的情况："我父亲是个机械工程师，只有高中文凭，所以就一直想让我拿个高学历，把自己的期望加在我身上。我本来喜欢文科，但我的要求被忽视了，家里强迫我考上理工类的大学。可是理工科的课程对我来说实在是个重担，我为了反抗父亲，变成不良少年，混迹高中。我没能好好读书，也没有考上父亲希望的那个大学。在读书这件事上，我没能如父亲的愿，我们俩就三天两头地争吵，可每次吵完后父亲都会打我的母亲，而不是我。我实在忍不下去了，只好离家出走。母亲也说，等弟弟考上大学她就和我父亲离婚。"

父母对孩子抱有期望这是人之常情，可是再怎么期望也要有个限度。M 的感想文写得怒气冲天，可是从他听不懂课去买参考书又去问教授的态度来看，真的是非常积极，也许他觉得自己真的已经很努力了。他母亲瞒着父亲，每个月给他 4 万日元的房租钱，其他的生活费、书本费都要靠他自己打工去赚。在这种情况下，他拼命地学习，却还是不能理解课上的内容，最终没能拿到学分，所以一心认定是教授的教学方法有问题，教不会自己。我感觉 M 的写法虽然偏激却也情有可原。

不过，就算事实真是如此，他把学业上不能如意的责任全部推到别人的身上也是有问题的。于是我思考，他真的努力了吗？

“你说你因为不理解 A 教授的讲解，所以才讨厌学校，可是我觉得不是这样。

“你讨厌学校的真正原因是你与父亲断绝了父子关系，经济上出现问题，不得不每天打工赚生活费。那份工作从晚上 6 点到夜里 12 点，这就导致你睡眠时间严重不足，而且又得在有限的时间里学习你讨厌的理工科，成绩自然没法提高，所以，慢慢地你变得完全讨厌学习，最后连带老师一起讨厌。”

这样下去不行，我向他提出一个解决方案：“这样吧，我帮你申请每个月 8 万日元的奖学金，你把酒吧的工作辞掉，集中精力学习。”

说完这句话，他眼睛红了，激动地向我问道：“陈教授，我想进您的研究室，怎样才能进您的研究室呢？”

我注意到，他个子高，体型健硕，看起来确实像个不良少年，可是他本质上还是一个认真善良的孩子。被父亲扫地出门，生活费和学费都要自己赚，还要担心家里的母亲和弟弟，各方面的压力太多太大，他把这些事情掺杂在学校生活中，所以才拿不到学分，未来堪忧。

没想到M上交的感想文，读起来颇有怒气的反抗文，最终成了一封写给我的求救信。表面看起来再怎么成熟、高大，说到底还是个20岁左右的年轻人啊。

“进研究室的事情，等你上了大四我们再商量。”

有了这句话，他心中的闷气也该解开了吧。一直以来，对未来的不安，对不确定因素的恐惧占据了他的心房。对他来说，学分不够，毕不了业，大四进哪个研究室，做什么课题研究，他丝毫理不出头绪，所以变得有些自暴自弃了。然而，我的一席话让他看到了希望，通向未来的大门一下子打开了。他一定会改变！和他交谈了两个小时后，我对他充满了信心。

过去他的出席率就很高，在我教的“电子回路”课上，他依然保持以前的劲头，就从他学习的积极性这一点来看，我就可以放心了，这样的孩子一定可以洗心革面，重新站起来的。

与我谈话后的第二周，读了他交上来的感想文，我十分感动。

“虽然每天都很忙，但感觉很充实。我愿意尽最大的努力拿够学分，考上研究生。虽然还是会感到不安，但是不去努力就什么结果都没有。现在，我有了目标，就会朝着那个目标努力下去。”

上课时，他的眼神都变了，每一堂课都神采奕奕，充满了干劲。五周之后，他又交上来了这样的感想文。

“新课程中学的有关电子回路的知识很实用，将来我也一定要运用这些知识，自己动手制作电子回路。考试成绩也不错，感觉找回了自信。”

在那次小测验中，他考了 92.5 分。

这样的他已经不需要我的照顾了，靠着自己的力量也能走下去了。大学四年级时，他没有进我的研究室，而是选择了自己更感兴趣的火箭工学研究科。听起来好像不可思议，但这次的选择，不是父母为他做的，也不是我为他做的，而是他心中的萌芽结出的果实。

M 虽然一直处于被父亲扫地出门的状态，但和母亲还是一直保持着联系。母亲把他改过自新，勤勉读书，顺利考上研究生，终于真心喜欢上理工科这件事转告了他父亲。在此之前，M 心中是多么纠结痛苦，应该与他母亲在谈话中也有提及。不久之后，父亲理解并原谅了他，而且恢复了父子关系。

M 先向我报告这个喜讯，又向我坦白了一件惊人的事情。

“什么事情都不顺利的时候，我真想过杀了父亲，自己也去死。”

一个 20 多岁的孩子，无论怎么反抗，选择与父母铺好的轨道背道而驰确实很难。可是不反抗就会像 M 一样，被穷追不舍的不安感控制，甚至产生弑父之心，那是一种怎样的绝望呢。幸运的是，他改变了自己，整个家庭也因他而改变，父母关系得到了改善，他也以优秀的成绩顺利毕业。这里，我想引用他交给我的最后一篇感想文。

“一次偶然的面谈，让我意识到了‘少想多做’的重要性，因此洗心革面，重新找回积极乐观的自己。陈教授向我实施的‘心灵教育’是我在父亲的家教中从未感受过的。22 年间，投射在我心中的父亲的影像，可以说是世界上‘最可恶的人’，比起父亲，我倒更仰慕陈文权教授。”

这种对出路的担忧不仅局限于学生，很多企业的年轻员工也是一样。年轻人容易失败，首先是因为没有足够的经验和技术。可是，年轻人缺乏经验技术不是理所当然的吗？“为什么连这么简单的事情都做不好！”一味地对年轻人说这些话一点作用都起不到。同一年进入公司，在同一个部门工作的一群年轻人当中，个体的差别也是无法避免的。技能是通过练习可以掌握的能力，在进入公司之前，每个人都经历了不同的训练过程，所以一定会有所差别。

过去，依靠毕业的学校就可以评估出一个人的能力水平。可是现在，即使是同一所大学的学生，其能力也会参差不齐，特别是沟通能力，个体差别特别大。在我的课上，我会有意识地让学生进行自我介绍、发表课题活动等，目的是培养他们的表达能力。他们不仅要上台发言，而且必须针对发言者的内容进行提问。“提问”其实比“表达”更有难度，不仔细聆听，或者没有彻底理解别人的话，就不可能提出高质量的问题。经过多次表达训练的学生，和那些只是坐着听讲的学生，沟通能力的差异不可同日而语。

现在坐在课堂里的学生，将来都将进入社会，被分配到各种公司里担任一定的工作，那是完全不同于学校的环境。在公司中，绩效第一，这种情况下，是否拥有良好的沟通能力就显得尤为重要，也许在学校中沟通能力的重要性并不是那么明显，但在公司中这种能力的差别就会显现出来。企业大都会重用沟通能力强的人，而不善表达的人则会慢慢变成这个组织的负担。

我也曾遇到过很多经营管理者，听到的最多的烦恼就是怎么培养那些“不行”的员工。听我演讲的人来自五花八门的行业，可无论是哪个行业、哪个公司，都面临着缺乏员工的问题。这里所说的缺乏员工，并不是数量上的缺乏，而是缺乏高素质、能力强的员工。人手再多，真正对公司有用的人却不多。

现在的年轻一代跳槽率逐年升高，大学方面也开始针对这个问题进行指导。即使是像东京大学这样的好学校，也有一部分人成为“学历难民”。所谓“学历难民”，就是指那些成绩优秀，知识丰富，然而在建立良好的人际关系，听取他人的意见，或者表达自己的感情方面存在欠缺的学生。而且这一群体的数量正在逐年增加。现在的孩子中，大约有60%的人选择有问题时利用网络进行查询，而不是向老师或亲友询问。按照现在的情形来看，这个群体的数量恐怕还要继续扩大下去。

听了我的演讲，一些管理层的商业人士开始应用我的一些教育方法，比如让部下提交大约3行字的小短文，听取他们在工作上的抱怨或者烦恼。起初，很多人都会写“没什么特别的意见和建议”，这和我刚开始在桐荫横滨大学实行这个方法时的情形一模一样。不知道有什么不满，也不知道怎么写，一开始大家都这样。可是，渐渐地，随着次数的积累，大家都能写出自己的真实想法了。

学生们一开始总是写一些抽象空洞的话，不过，随着我在课堂上多次提及他们写的感想文的情况，之后他们感想文的内容也越来越细致。而对于学生们交上来的感想文，我都尽量一个不落地给他们回邮件。

“你竟然注意到这样的问题，太棒了！”

“这次这么快就写完了感想文，很好，接下来也要保持下去哦！”

“继续挑战下去，我支持你！”

每次给学生回邮件，我自己也深受感动，就算是再微不足道的变化，再小的进步，我都像是对待自己的事情一样，感到由衷的喜悦。“又不是小学生，这么写来写去好像也没什么必要吧！”这样的意见我也听过不少，可是，正如特蕾莎修女所说的那样：“爱的反义词不是恨，而是冷漠。”大学生群体是心理尚未完全成熟的“大人”，明明还没有彻底成熟，却被当作成人一样对待。如果像我一样的大学老师不下功夫培养他们，那么谁来把他们塑造成真正成熟的大人呢？

何况，阅读感想文写回信，感受着学生们的改变，我自己也能得到成长，这就是所谓的“教学相长”，是师生之间的一种互动。

我想向那些不知道怎么培养部下的商业人士提几个问题：

你为部下做过什么事情？

你真的以身作则，真心面对员工了吗？

你真的把力所能及的事都做了吗？

你经常关心员工吗？

你有没有把自己的观点强加给员工呢？

做完这些事情，接下来最重要的一点就是等待，在学生主动找我谈自己的变化之前，我会一直等待。这份等待还包含着期待，等待但决不放弃，这就是我面对学生的原则。即使这样，也不敢说就能让所有学生改变，可若不去尝试，或者轻易放弃，恐怕学生一点都无法改变。

2 教育方法，挑战新的目标

有一部分学生开始对只热心参加课外活动以及业余时间打工的日本大学生的这种生活方式产生疑问，我也一样。大学的讲课方法，大学生不能投入精力的事情，总觉得有点儿不对劲。大学生们渐渐地开始厌恶上学，把自己陷在小圈子里不出来。

我对于他们的疑问这样回答："对！大学是追求学问的

地方，但你们也没有错！”

我的说法有什么问题吗？每次我这么说的时候，学生们总是目光明亮，露出喜悦的神情。

假如只有我自己热情高涨，没有人理解我的话，那么一个人是做不成什么大事的。而人群聚集的地方，比如学校或者企业，庞大组织的血管中流动着形形色色的个体，才更有利于推动发展。有时，人们的心中会有类似“好像不对劲”“我不认为这样”“要是那么办就好了”之类的想法，可是，却很少有人将内心的想法变成声音发出来，让组织里的其他人听到。

既不是什么才干出众的人，也不是被组织抛弃的没用的人，表面看起来好像没什么长处也没什么短处，这也就是我们常说的“中间层”。正是在这数量庞大的中间层中，隐藏着许多来自不同人群的这样那样的疑问或者抱怨。若是一个组织能够听取这些人的意见，无论是多大的组织也能在这积少成多的意见中慢慢地成长。不要拘泥于一些组织管理理论，多听听这些人的真实想法吧！在说出“一个公司的运转不是你想象的那样”之前，可以先考虑一下是否可以说出“你说得对”这样的话，即使只是单纯地倾听也是有益的。在人与人之间的沟通中，一方的意见一旦被接受、被采纳，这个人就会像打开话匣子一般，开始表达自我。耐心听完，不要打断那个鼓起勇气开始讲话的人，不要让他继续躲在自己的小世界里，记得保持倾听的姿态。

话虽这么说，也不能没有原则，一个不严厉的组织，是没法让个人得到成长和锻炼的。对于什么是“严厉”，不同的组织有不同的体现，不过一旦个人向组织打开了心扉，交给他一项略有难度，但经过努力可以实现的课题，他就能得到成长。这也是培育学生或者员工的很重要的方法。

桐荫横滨大学从东京大学请来了一位英文很好的理工系教授，这位教授也称得上是一位顶级的研究人员。可是奇怪的是，只要这位教授用英语出题，学生的平均分总是在5～6分，满分不是10分，而是100分。如此反复几次，学生怎么想呢？反正努力不努力，结果都差不多，更别说激发学生的学习动力了，每次的英文考试简直是在给学生的积极性泼冷水。

有时候，对那些格外优秀的人也要注意。一群学生中总会有一部分人，没有怎么用功就能名列前茅。这部分人努力不努力，结果都挺不错，没差别，反过来他们会想自己为什么在这里，在这里有什么意义，从而失去了奋斗的动力。像这样的例子比较少，不过也说明了恰当的难度才能有助于激发个体的积极性。

像考试一样，现在的人才选拔机制总是依照分数的高低顺序实行淘汰制，这无可厚非。但是在学校靠分数拿第一名，在公司里靠业绩拿第一名，要是把“拿第一”这件事情当作奋斗目标是否合适呢？

我在前文提到过世界杯的日本代表本田圭佑选手。他既能确立自己心中目标，同时也能将周围的情况看得一清二楚，所以他才能成为领队。大学和企业不也是一样的吗？我认为，能力强的人，或者坐在领导者位置上的人，更有义务给予周围的人关注和关爱。只考虑自己的人，到底配不配坐在领导者的位置呢？能力与人格是两码事，也许有人会这样回答。可是既有能力，又有人格魅力的人来当组织的领导，对于组织来说难道不是有百利而无一害吗？

一个大学生，目标不应该只停留于“拿第一”，而是拿到第一名后继续挑战更高的标杆。在竞争中胜出了，但是却对什么都失去兴趣了，很容易失去目标。人活着，要不断翻越一个又一个障碍，第一名的位置看起来确实像个闪闪发光的“终点”，但仔细观察就会发现，那只不过是一个“通过点”，通过了那里，不再继续前行的话，人生未免也太无聊了。经常挑战新的标杆，这就是所谓的有“进取心”。

所以，老师或领导无论对能干的人，还是“不行”的人，都应该多关心、多倾听，帮助他们找到合适的目标。世界级的人才不可能常有，因此，无论什么人才，都应当保持一颗向上的心。而教师以及公司的上司，要尽量支援这些人，用好的教育方法和管理方法助他们一臂之力。

经常关心学生或者部下，听听他们在想什么，自己也能从中获得改变，这是一个双赢的过程。在我看来，再没有比这更好的事情了。

3 找到人生目标，点燃心灵火炬

平庸教师，照本宣科；
好的教师，有理有据；
优秀教师，率先垂范；
伟大教师，点燃心灵。

这是我的座右铭，引自20世纪美国著名的教育学者威廉姆斯·亚瑟·伍德。这句话理解起来简单，实践起来却不是那么容易。

点燃学生心灵的火炬，我一直朝着这个方向努力，纸上谈兵，恐怕难以实现。

企业的人事部以及其他大学的教授把我的教学方法称为“陈文权法”，把找到人生目标并为之不懈努力奋斗的这些学生身上产生的积极效果称为“陈文权效果”。我自己将这种教学方法总结为“IOC 教育法”，即互动实践控制，并因此取得早稻田大学的教育学博士学位。“IOC 教育法”包括“课堂运行九大项目”“教师的五个心理准备”“学生应当谨记心间的十条”这几个部分。

“学生应当谨记心间的十条”具体地说是：

- 提高纪律意识
- 积极参与课堂活动
- 尽量进行预习和复习
- 上课不许交头接耳
- 上课不迟到
- 设定切实的目标
- 自主学习
- 努力树立自信
- 相信自己一定可以做到
- 从游手好闲的日子里脱胎换骨

怎么让学生实践这些内容呢？预习、复习、不迟到、不交头接耳，这几条任何人只要努力都能做到，那么其他几条呢？

前者有准确的尺度，也就是说，迟到没迟到，不管是谁都能做出正确判断。而后者有没有实现，也许本人也搞不清。“积极参与课堂活动”并不是一次都不请假、不旷课，每天准时坐在教室里就好。如果只是坐在座位上，那么也称不上“积极”。“从游手好闲的日子里脱胎换骨”看起来比较容易实现，其实，要想实现它，必须给自己设定一个“目标”，如果没有明确的目标，就算再有心改变的人，也很容易半途而废。放弃吃喝玩乐，把精力集中在学业上，没有明确而切实的目标支撑很难办到。

我教的其中一门课程“教育领域的动力研究”(Motivation Studies in Education)，就是专门针对上述内容展开的。学生通过学这门课程，量体裁衣，设定适合的目标，掌握新的思考方式。课程刚开始时完全没有反应的学生会随着课程的进展而变得积极起来。这时，我也深切地感受到了，一个教师不能以先入为主的观念看待学生。

相对于“学生应当谨记心间的十条”，教师方面也有“教师应有的心理姿态”，比如：相信学生的可能性；随机应变，经常倾听学生的建设性意见；要有全局意识，能团结学生……为了实现以上这几条，在具体的课堂教学时，要做到“学科定位明确，概念理解透彻”。

我创立这些方法，并没有期望它能对所有人都起作用，看了这门课的期末报告就会明白，有效果的学生有30%～50%。但是，改变20多岁的“准成年人”本来就不是一件容易的事情，30%～50%在我看来已经是难以置信的奇迹般的数字。

有学生这样问我：“教授，您可不可以列举一下，想要设定切实的目标，需要做哪些事情？”

我猜测，这个学生可能觉得不迟到、不旷课对于“设定目标”不起什么作用。授课过程中提到了要“设定目标”，但是没有给出具体的步骤，那又怎么能称得上是“方法论”呢？也许很多人都会有这样的疑虑。

不仅学生提出这样的问题，步入社会的成人也一样，这到底是为什么呢？

在他们看来，一个问题只有一个答案。的确，我们从小到大的考试都是按这样的机制设定的，一旦一个问题有了多个答案，答题者就不知所措。教科书也充斥着这种一对一的例子。

别说是他们，就是我也深有体会。我刚来日本在语言学校上课时，完全照着教科书朗读背诵，学习日语，并通过了日语能力考试。可是走出课堂，死记硬背的日语与日常生活中使用的日语却相去甚远。原来，书本中的日语无法对应现实生活中的所有情景。生活是复杂的，试卷的问题与遇到的问题难以相提并论，有多个答案的问题在现实生活中比比皆是。

在我的祖国印尼，与我同时代的人几乎都被剥夺了受教育的权利。在日本，虽然每个人都有相对平等的受教育机会，但也不是人人都能考上东京大学、早稻田大学这样的顶级学府。所以，教学要以学生为本，方法可以千变万化，因人而异。

教育，从字面上看包含两层意思：教和育，教授知识，培育人格。单纯灌输知识还不够，还要“育人”，这才是教育的开端。何为“教”？即教师将自己的知识与技能倾囊而出；何谓“育”？即振奋人的精神与意识。在教育实践的过程中，我始终以最真诚的态度面对学生。

现在，我的课程的主要目的就是帮助他们培养奋发向上的精神与意识。可还是有学生恳求我把它列成公式，这部分学生大多循规蹈矩，比较认真。

曾有一位宗教家向一位大学教授提出类似的疑问：“能不能把一个成长所需要做的事情分条列举一下呢？”

“那是不可能的。”那位教授如是回答。

在很多教育先哲的话语中，我们也能找到类似的答案。

The way of teaching, the necessity of you, the teacher, there are nine and sixty ways of teaching there days and every one of them is right!

一百个学生就有一百种教法。每种方法都正确。

——美国教育家克劳德·M.菲艾斯

The Spirit of teacher. A teacher who is attempting to teach without inspiring the pupil with a desire to learn is hammering on cold iron.

教师的精神。教师若不试图点燃学生心灵的火炬，就如用锤敲打冰冷的铁一样。

——麻省教育委员会创立者赫兰斯·马恩

这里的“inspiring the pupil”的意思，我把它理解为“点燃学生心灵的火炬”。基于自己的教学经验，我已经将这种教学方法总结为“IOC”，但我从来没有妄想过它能成为解决学生所有问题的一把万能钥匙。正如中国古代教育家孔子所提倡的“因材施教”。面对充满个性的学生，教育本来就不会有万能之法。IOC 是基础，重点在于通过“我”与“学生”

的接触和交流去改变问题学生，将他们培养成为更优秀的人才。任何沟通的“场合”，首先要注意发挥彼此的“倾听能力”，学生的自我介绍及课堂上发表就是深入了解每位学生思想和个性的重要手段，教师需要认真倾听。产生了“陈文权效果”的学生往往是那些能够竖起耳朵，打开心灵，善于倾听并接纳意见的人。

我上文提过师生对话的一些诀窍，真诚倾听并接纳对方的话语时，彼此固有的隔阂就会如发生化学反应一样消融，进而达到心灵层面的沟通。倾听不仅仅是听声音，还听对方说话的内容、对方的心声。如果教师单方面与学生交流，缺乏倾听的姿态，恐怕学生很难敞开心扉道出心声，谈话只能停留在表层。可见，要想改变学生，就要先学会倾听。

4 做自己人生的主人公，谱写精彩诗篇

大家都说我的人生波澜壮阔，富于戏剧性，因为，我能在 5 分钟之内讲述一段引人驻足的人生故事。

“我们没有您那么丰富的阅历，无法成为您那样的人

物。”每次听到这样的话，我都会反问一句：“真是这样吗？”我作为出生在印尼的华人，受尽歧视和差别对待，在国内连学校的大门都向我紧闭，这些都是来自外界的不可抗拒的力量，我也束手无策。可是，我和别人讲述的人生故事，全都是这些苦难和逆境吗？不是。相反，我想强调的是遇到苦难和面临逆境之后的故事。

决定去日本留学的是我自己。在电器修理工作蒸蒸日上的时候，家人都反对我出国留学，而我为了实现自己的目标，寻找担保人就花了 3 年的时间。准备出国的那些日子，我从来没有放弃过，而是一直不断地主动寻找机会。因为这是我自己做出的决定，我要为自己的决定负责，过程确实很艰苦，可我从不认为这是“苦难”。

来到日本之后，我也一向如此。而我直到 38 岁都没有正式的工作，无力照顾妻子和 3 个年幼的孩子，连全家吃饭都成问题。但只要想到自己的目标，我就横下一条心一步步付诸努力。所以，我想让学生们了解并借鉴我的人生故事。

“设定一个目标，努力奋斗吧，我保证你们肯定能谱写出比我更精彩的故事。”

不断地设定前进目标，并一个一个去实现，这个奋斗的过程自然而然会给你带来独一无二的人生故事。我常对学生说，把自己当成人生舞台的主人公，不断挑战，书写精彩的诗篇吧。

“教授，您的终极目标在哪里？”

经常有人这样问我。是啊，我的终极目标在哪里呢？工学博士、医学博士、药学博士，还是教育学博士，这些不过是一些小的目标罢了。

我要做一名不断前行的学习者、勇敢的挑战者，永不止步。

第八章

让失败者也能成功的9种方法

1993 年，我离开美国，返回日本，在横滨的一所新兴私立大学任教，一干就是 10 年。这所新兴大学在日本大学排行榜上比较靠后，招收的学生水平也参差不齐。

为了使他们不虚度青春年华，把热情和精力转移到学业上来，我煞费苦心，想方设法使课堂气氛生动活泼、内容深入浅出。虽然学生评价我的课堂严格，但能体会到学习的乐趣，甚至有学生为进我的研究室而留级。

我从课堂实践中总结出的提升学生学习动力的方法，被称为“陈文权法”。以下精选 9 种“陈文权法”，与大家交流。

1 理论联系实际，提高学习欲望

我总是让学生说些什么或要求他们做点什么，目的是不断刺激他们，不然好不容易激发出来的学习热情，不久后又会休眠。

为此，我让他们考虑清楚，现在所做的事情到底是为了什么，对将来有何意义。如果单纯为了学习而学习，为了考试而练习，恐怕不久就会将“知识”或“学习”抛到九霄云外。至少，现在做的一切都是为将来走上社会做准备。

我在每堂课中间或结束时，都会穿插着讲解当天的讲义内容在实践中如何运用，与最新科技有何联系。或者，当天的讲义内容在本学科中所起的重要作用，以及今后发展的可能性，等等。

比如，游戏机的 3D 图像、手机振铃音乐，数字回路的应用实例，都是讲义内容的延伸。

如果只是单方面灌输知识，不举例说明其在日常生活中如何运用，那么很难调动学生学习的积极性，激发他们的求知欲。所以我告诉他们知识中隐含着灵活运用的无限可能性，让他们怀有希望和理想。

这样做一举两得，既巩固了基础知识，又提高了学生的学习欲望。换句话说，就是帮他们找到具体目标，人生的意义就是追求一个又一个具体的目标。

此外，我反复跟他们讲，科学之路不可能一帆风顺，失败是成功之母，因为战胜失败的过程，就可能是通往成功的道路。

如果害怕失败，尽量避免失败，那么什么都不会发生，也就不可能成功。学习科学史，从失败中得到新的灵感和启发，最终取得成功的实例也不在少数。我率先在大学实践使用英语讲授专业课，目的之一就是帮助学生克服畏难情绪，激发他们的挑战精神。

2 变被动为主动，180度方向转换

上中学与读大学迥然不同。

比如，穿不穿校服，有没有选修课程等。这些不同之处显而易见。其实，上中学与读大学还存在本质区别。

上中学，学习有标准答案的问题。大学里，不仅是被动接受知识，还需能动学习，主动挑战尚没有答案的问题，自己设问解答。

读大学的意义就在于和某领域的专家教师一起共同研究、共同实践，理解做研究的程序。在感兴趣的领域，即便是学生，也可能成为专业人士。

大学应该是学生创新成才的场所，是他们体验学习的欣喜与快乐的地方。

但现实并非如此，在大学里，学习的快乐似乎已被遗忘，学生体会不到学习的快乐，教师也没有想方设法帮助他们感受到这一点。

结果，好学生与差生的区别仅仅在于是否灵活掌握了解题技巧。

自己假设命题，通过多种实验和研究，寻找答案。比起答案自身，其实寻找答案的过程更加重要。因为在课题实验和研究过程中，学生提高了解决问题的能力，这是进入社会必不可少的能力之一。

我在教学中十分重视学生的成长过程，只要发现学生稍有成长的迹象，都及时给予肯定评价，鼓励他们发现自己的潜在能力，并不断提升自身。

“人有无限潜力。”我反复对他们讲。

所谓学习，就是通过学习，使人成长的行为。

但很可惜，大学的现状是很多学生不做学问，而是拼命打工或参加课外活动，不仅没能充电，还耗费了电量。

3 一旦确定目标，虽不情愿，也能提升动力

你们不是学不会，而是缺乏学习欲望，迷失了前进目标。

可能是在中途发生了什么意外，被绊倒了。

比如，一个人不擅长英语，可能是上中学时讨厌代课的英语老师，也可能是觉得说英语不好意思，于是开始逃避英语。

这相当于不品尝就讨厌吃。例如，青椒辛辣，所以不爱吃。这理由简直太孩子气了。

其实青椒有许多种做法。就因为头脑中有青椒辛辣的固定观念，于是做菜时就远离青椒，太可惜了。

青椒肉丝，青椒咕噜肉，很难想象这些菜没有青椒会是什么味道，因为青椒与肉片是绝妙的搭配。

学生讨厌英语，简直就像做菜远离青椒一样。

当今社会，英语沟通必不可少。大家知道吃青椒、胡

萝卜对身体好，所以就尝试各种烹调方法，使之成为可口美味。其实英语也是如此，我得尝试美味英语烹调法。

于是，我采用休克疗法，决定后半堂课用英语讲课。

学生心怀疑虑，但还是咽下我烹制的英语料理。结果，有的学生在感想文中写道：英语其实没有想象的那么恐怖。

这名学生也曾是不品尝食物就讨厌食物的类型。

很多学生借口不擅长英语，便拒绝和英语打交道，不尝试挑战困难，而是溜之大吉。久而久之，便消磨了他们挑战困难的意志，一旦遇到障碍，首先想到的就是逃避。

学生绝对不是学不会，而是一时迷失了目标。他们被认为“学不会”，便自暴自弃。

通过设定更高目标，下决心逾越障碍，学生就会自行摘掉“学不会”的标签。

4 今日胜过昨日，不许得过且过

有学生在感想文中这样写道：

“刚入学时，我上了闹钟也起不来。或者说，根本听不到铃声。奇怪的是，只要早上有陈教授的课，我朦胧中能听到闹钟的声音，就赶紧起床上学。”

我看着感想文，不由得苦笑。

我的课居然像是小学生的远足活动。

远足活动前一天晚上，小学生兴奋得连觉也睡不着，比早晨做便当的妈妈都醒得早。这是因为远足是一项特殊活动，既兴奋又刺激，并且盼望已久。

这种欣喜与期待，就是动机。

写感想文的学生，第一次对课程怀有期待。也就是说，他在上我的课之前，对大学不抱什么期待，觉得上大学没意思。

倦怠，起不来，不愿意出门……即便没到自闭症程度，每个人都可能有过类似体验。这便是动机缺乏症。

可以肯定，写感想文的学生正在开始发生些许意识变化。在许多课程中，找到一门感兴趣的课，他觉得有意思，开始产生期待。这正说明他的内心开始产生了动机。

我又见到他时，课后问他：“我的课哪里有趣？”

他回答说：“嗯，是那些跟讲义无关的话。比如，老师留学时的经历，26 岁的大老爷们儿跟 18 岁的大一学生在同一屋檐下学习，等等。”

我想起来了，前几天课余时间给学生们讲我来到日本后，先上了两年多的语言学校，然后考入东京农工大学的经历。26 岁终于踏入大学门槛，确实不易。同年级的同学大都是十八九岁，我可以当叔叔了。

学生们爆笑。可能这话给他们印象极深。

您也许认为，给大学生讲这样的经历过于浅显幼稚。

的确如此。

我建议学生，想更多地了解这个课题的相关内容，可以阅读一些参考书。

“老师，去哪找这本书？”

“老师，这本书在校图书馆哪个书架上？”

“老师，看这本书的第几页？”

我瞠目结舌，原来学生的能动性这么差。

在研究室里，理所当然应该把实验器具按使用顺序摆放，实验结束后收好器具，放归原位，并把下次做实验时最先用的装置或器具收在最靠外面的地方。

可是等我下次做实验时，发现他们正相反。最先用的装置或器具被收在最靠里面的地方。

既然已经是成年人，就应该多动脑筋，把物品整理有序。可事与愿违。

5 尽可能创造机会，让学生登台亮相

有一次我对一名学生说：“你的名字太好听了。”

您也许觉得我是没话找话，难道再找不到别的可以表扬了吗？

那名学生也是第一次听到别人表扬他的名字，觉得有点吃惊。

其实，名字里饱含父母对子女的关爱与期待，不论孩子的意愿如何，名字得要跟随他一辈子。

由于表扬过他的名字，我们师生之间开始有了对话交流。有些学生，课堂上从来没有被老师关注过，即便是他的名字。因此，他们从不曾有过暴露在阳光下的体验。

其实，让这样的学生登台亮相，哪怕只有一次，让他领略放射光彩的体验。

为什么到目前为止他们没有放射光彩？

这是因为人有不同类型，关键是认清自己属于哪一类。

同样在学习上也要看这门课是否适合自己的类型特征。

我教过许多学生，大致可以把他们分成以下三类：

1. 喜欢数字的人（数字型）；

2. 喜欢和别人打交道的人（社交型）；

3. 喜欢物品（喜物型）。

大体上来说，数字型的人擅长与数字打交道，适合学习理工科。

社交型的人喜欢与人交往，参加社交活动，适合教育系。

喜物型的人，适合学习能够创造想象的艺术类。

其实这些要素往往掺杂在一起，那就找出最出色的部分。

例如，医学系专业，与患者打交道时需要发挥社交型人才的特长。但这还不够，也需要数字型和喜物型。

所以，单纯认为医学系等于理工科，适合于数字型的人，这种判断显而易见是错误的。

医学系很大程度上涉及人文科学，而且医生不能缺少社交要素。因此，一味关心数据，是造成许多医疗事故的罪魁祸首。

我的研究领域是医用工学，在利用超声波进行诊断时，就需要具备社交型特征；而纳米气泡造影剂的研究运用，则需要具备喜物型特征。

当然文科也分类型。

为了让团队发挥作用，组队时应该找不同类型的人，弥补自己的弱项和不足。

能够互相弥补不足，便能组建一个强有力的团队。

比如，打棒球，每位队员只擅长打第四垒，不能算是好的球队。根据打球顺序不同，由性格各异、类型不同的队员分担不同角色，这才能体现团队特色和机能。

我的很多学生，学习理工科，单纯地把自己定义为数字型，因而丧失了学习欲望，陷入恶性循环。

理工科有喜物型学生，也有社交型学生，不同类型人员发挥不同作用。明白这个道理，他们的学习欲望会大大提升。从不会学习，变得会学习。

没有积极性，其理由之一是没有认清自己所属的类型，或者不知道怎么发挥自己的特长。

不管怎么说，大学是学习的地方，大学所学的知识会伴随人的一生，应该清楚认识自己所属的类型及特长。

大学四年可以为自己的航程进行最后的修正。

我属于什么类型呢？

学习理工，有数字型因素。迫于需要，搞点新东西出来，具有喜物型特征。而我20多年在日本的大学里任教，本质上应该属社交型。

我的祖国印尼是发展中国家，即使是社交型的人，根据国家需要，首先也得学点儿技术，偏重数字型。当然也需要搞科技发明的喜物型。日本社会、中国社会所需的人才类型与提供个人发展的机会也各不相同。

你属于哪一类型？

没有人告诉你。

自己认清所属类型，选择最能发挥特长的领域，登台亮相是第一步。

6 深入调查研究，开辟全新领域

我留学日本之前，一直生活在印尼，对科学领域兴趣很浓。

当时，我在哥哥开的收音机维修店里帮忙，通过动手修理收音机，我了解了收音机的构造和原理。

不久，哥哥的店开始修理其他电器，但是，想找到纯正的部件并不容易。

比如修理荷兰的电器产品，有时买韩国元件，或者中国台湾元件，有时拆了日本产的电器元件维修，就是使其脱胎换骨，变成印尼本地的电器产品。

我没有正规学过工学。在跟着哥哥拆国外的电器部件，维修旧家电的过程中，实践得出真知。

因此，我从内心佩服日本产品。

与他国产品相比，日本电器在质量上和技术上都是超群的，是经得起时间考验的。

于是，我开始向往日本，我渴望到日本留学，学习电气工学。

这种想法强烈且与日俱增。后来我有机会到日本东京农工大学留学，接触到计算机。

计算机的可能性触动了我。于是我确定了志向——到东京工业大学，攻读电子工学博士，毕业后在日本求职。因为我是来自第三世界的外国人，所以找工作时处处碰壁。一个博士学位不灵，我又到东北大学的医学部攻读了第二个博士学位。

但是，我的简历依然无人问津。

我之所以走上医用工学的研究道路，得从我修理收音机说起。从对电器的兴趣，发展到在医用工学研究领域寻找其最新的可能性。

医用工学是一个独创领域，它融合了不同学科，进行学科交叉领域的探讨与研究，在研究上或商业应用上都可能带来机遇。

一位专业指导老师半开玩笑地说："陈文权是领域侵犯者。"

但是，如果没有这样的创新精神，又何谈学术的发展，怎样为推进社会、为人类发展做出贡献？

今后，学际研究越来越重要，追求学际研究会得到更多关注，其研究热情也会得到回报。

7 兴趣是最好的老师，不断激发和提升兴趣

从心底对某事物有兴趣，并开始付诸行动时，热情便会被点燃，而且能持续很长时间。

为了从心底打动学生，唤醒他们沉睡的热情，我在杂谈上下了不少功夫。

为什么在课堂上杂谈？因为一上来就直奔主题，讲专业性很强的内容，部分学生会拒绝听课。

桐荫横滨大学的学生，现在刚站在起跑线上，他们作茧自缚，觉得自己听不明白，老师要求的做不到，课堂内容与自己没多大关系。这种情况下，谈学习欲望没有用，首先是

要他们消灭抵触情绪，只有把负面思想一扫而空，学生才能听进讲义的内容。

杂谈内容很广泛，可以是某广告语，也可以是报刊上某条体育专栏的标题。有我的生活体验，也有社会上流行的话题，总之与讲义的内容不同。

一次，我给他们讲我少年时代在印尼时，常常在河里游泳，而河面上漂着粪便。学生们都惊讶地抬起头看我。

现在东南亚人民的生活也离不开河川。在河里洗浴、淘米、做饭、洗衣服，水牛也在河里沐浴。大河，也是我们孩子的游乐场所。

在自然中生活，从中理解自然的真理，学到与大自然和平相处的智慧。而屎尿是自然的一部分，不能以肮脏一概而论。

一次我谈起笨鸽。

之前，笨鸽为了逃避天敌，一直在天上飞，在树上筑巢。

偶然，笨鸽来到印度洋的毛里求斯岛，找到了乐园，因为岛上没有天敌。

于是笨鸽不用再逃避天敌，翅膀也随之退化，失去了飞翔本领，而且体态越来越笨重，双脚变得硕大。

谁知某天岛上突然来了不速之客，人们乘着大船，在岛上登陆。可怜的笨鸽甚至不知道逃命，被人们抓住烤来吃掉，随船而至的老鼠、猪，吃掉了笨鸽的雏鸟和蛋。

人们来到岛屿不到一个世纪，笨鸽就从地球上绝迹了。现在，欧洲的博物馆里仅存有少量笨鸽的骨骼和手绘说明图片。

笨鸽的故事启示我们——物竞天择。如果不能顺应环境的骤变，生物就会灭绝，例如，笨鸽和恐龙。如果人类不能顺应环境的变化，那么也会有灭顶之灾。

但是，过于顺应现有环境，像笨鸽一样，最终也只能因退化而失去鸟的飞翔本领。

我们人类与生俱来的本领是什么？

站立行走，钻木取火，还是运用语言？

这些都是人类不断挑战未知世界的结果。

也就是源于意欲。

不管什么人都曾经有过欲望。小孩子爬得再快再好，也想站起来学走步。

小孩子知道爬比走省力，能更快到达目的地，但还是试着站起来。摔倒了再爬起来，摔痛了也不怕，显示出极强的欲望。小孩子学会站起来，体验到成就感，便露出满面笑容。

每个人在成长过程中都体验过这种满足感和成就感。

与小孩子成长相比，我们反而太安于现状，甚至不敢往前迈步。也就是说，我们忘记了欲望。

为了避免笨鸽的遭遇，人类不能忘记与生俱来的生存欲望。

这段故事也给我们另外一个启示——不要忘记敬畏自然。

我所生长的祖国印尼虽不富裕，但人们直到死也不会忘记我们生活在自然当中。

如今的日本如何？

当人们对自然的力量不再怀有敬畏之心时，人类最终将会走向毁灭。

学生们认真听着我的杂谈，脸上露出奇妙的表情。

一次，我与一名学生谈起印尼的地震和海啸。这名学生经历过阪神大地震，他这样描述地震后的情景：“地震后，院子里的无花果结的果实比往年大了一倍，柿子产量也多了3倍。地震前没见过的小鸟不知从哪里飞来，啄食无花果和柿子。神户地震死了不少人，他们被埋葬在人类浅薄的智慧所建造的钢筋混凝土之下。而自然界的花草树木、鸟类则坚强地活着。”

讲到笨鸽，我想起印尼地震引起的海啸造成生命财产的巨大损失，不由得黯然神伤。

 变难事为趣事，提升学习欲望

我在一次杂谈中问学生：“用十个手指头可以数到多少？”

我告诉他们：“计算机是二进制。”可是他们什么反应也没有。于是我告诉他们：“从左手拇指开始，1、2、4、8、16，右手同样，32、64、128、256、512。把它们加起来，正好是 1023。也就是说，用二进制，十个手指头能数到 1023。”

如果使用二进制，用手指头和脚趾头一起数，就可以数到差不多 100 万。

这不算纯粹杂谈，其实我是在讲二进制。

听课的学生，觉得二进制很简单，理解了使用二进制的原理，进一步而言是理解了可以不光是靠头脑，也可以靠身体感觉，这样记忆更深刻。

2 层楼住宅，有便利的开灯、关灯系统。

我们从2楼下楼，不会再回到2楼去关灯，可以在1楼关掉2楼及楼梯口的电灯。

如果开关灯只能在当楼层进行的话，我们下楼后还得回到2楼关灯。

实际上没有必要。也许我们觉得一切都是理所当然，平常一点儿也没意识到这里面的科学依据，其实这种便利的开关灯系统靠的是数学。

如果一上课就搬出“排他理论”的概念，学生可能会觉得抽象，不容易理解。但结合生活中的实际例子，学生便会很感兴趣。这段话也不单纯是杂谈，我是在讲电子回路。

这就是理工科有意思的地方。

制造产品就是尽量使用较少零部件，降低成本，提高安全性，不出次品。不管理论上多么完美，在实际的设计、制作过程中，如果不能再现原理，就是空洞的理论，如同画饼充饥。不只理工科如此，做学问也必须与社会紧密联系，才能使其具有深远意义。

我举这么多例子，就是想让学生感觉到现在要学的内容如此重要且有趣，而且作为工程人员，可以体会到设计中的乐趣。所以，我在课堂上有意穿插这些杂谈。

培养自觉意识，客观审视自己

学生们的感想文内容丰富多彩。

其中写得最多的是“第一次找到了自己”。

高中时把上大学定为奋斗目标，一旦达成，便失去了前进动力。

上了大学，应该学什么，将来会怎样，很彷徨。

自己既没有当学生的自觉意识，也没考虑过作为社会人的价值所在。

因为目标不明确，做事热情不知道该放在哪里。

我反复跟学生强调，想想自己到底是什么样的人。

认清自己，培养自己的“芯”，也就是说自己的身份属性。

“芯”字是心上面加草字头，如同植物的茎，中间通着一根筋，保持通畅状态。

只要“芯”通畅，它就能从根部吸收养分，输送到枝叶末端。

“芯”不通，人就像蒲公英一样在空中飘忽不定，不知该落在哪里，只好随风而动。

只要自己体内萌发了“芯”，贯通了“芯”，就无所不能。

也就是有志者事竟成。“芯”是不是贯通，决定一个人有没有做事的欲望。“芯”不通，则欲望烟消云散；“芯”通畅，就产生了信念。

我的信念是世上无难事，只要肯做，一定能成功。

所以决不放弃，摔倒了，爬起来再尝试。不断尝试，情况就会发生变化。

我反复讲要培养自己的“芯”。

遇事总往负面考虑，是因为“芯”腐烂了。要保持“芯”的活力，就要正面处理问题。

我给学生释放的信息全部是正面信息。目的是让他们摆脱负面思想，学会正面思考。所谓正面思考，是能被人、被事物的真诚所感动。比如，到讲台上演讲。原来不敢当众演讲，现在可以应对自如，便增长了自信。

不仅如此，听演讲的人，看到此变化也会感动。

认为自己不行的学生中，有一名这样成长变化的学生，他会对周围产生戏剧性的影响。

这名学生感动了大家，同时也感动了自己。

他从此逾越了一个巨大障碍，增长了自信，于是可以客观地审视自己。

这就变成了他的“芯”。

令人感动，是因为拼命准备，认真对待问题，因而取得成绩，产生了自信，变成自己坚韧的“芯”。

第九章

震撼心灵的感悟

1 激励早稻田大学学生的方法论

橙子 北京大学交换留学生

在本学期的“感动教育”一课上，我学到了很多激励别人的方法，尤其是激励像早稻田大学的学生这样的成年人的方法。我将这些方法总结为以下四点：

- 爱与真诚
- 真实的故事
- 自我领悟
- 信任与鼓励

我将在接下来的段落中具体介绍这些方法。

爱与真诚

在我看来，在试图激励别人的时候，爱与真诚是两个非常重要的因素，或者说它们是其他方法的基础也不为过。因为只有你足够真诚，别人才能够信任你，并且告诉你他的真实想法。

在本学期的课上，我翻译了关于陈文权教授的一篇文章《陈文权法》。陈文权法一个最重要的因素就是真心爱学生。一个老师只有做到这一点，他才能够真正和学生顺畅地交流并且成功激励学生。而在这学期的课上，我亲身体验了“陈文权法”并真正感受到了陈教授对学生的爱。他在意课上的每一个学生，并愿意和他们进行心与心的交流。在我们进步的时候他会高兴，而在我们痛苦的时候，他也会痛心。最重要的是，他从未放弃过任何一个学生并总是试图激励我们，不管我们有多消极或者犯了多大的错误。他每周都会如此用心地回复所有学生的300字感想，这让我非常感动并且更愿意和他多做一些交流。他对学生的深爱激励了我，也激励了课上的其他学生。

另外，课上很多学生都说道，他们也用他们的爱与真诚激励了他们的朋友或亲人。其中一个最打动我的故事，是一个女孩子说当她的哥哥十分迷惘消沉，不愿意工作学习的时候，她成功地激励了他。而她所做的只是陪在她哥哥身边，听他倾诉。她分担他的痛苦并且用行动告诉他，他不只是一个人。就这样，她让她的哥哥终于愿意听取她的建议去做一些有意义的事情。最终，她的哥哥成功地走出了绝望的境地，重新变得积极向上起来，现在正在积极地工作并学习。她用她的爱与真诚成功地激励了她的哥哥。

在这两个例子中，我们能看到爱与真诚是激励别人的开始。人们在痛苦绝望的时候会更加敏感，如果你不够真诚或并没有发自内心地爱他们，他们会很快察觉到并且背过身去，所以你需要足够真诚来使他们认为你是他们的朋友并且愿意分担他们的痛苦和绝望。因此，在你尝试激励别人之前，请先思考一下你是否真的从心底里愿意帮助他们，就像陈教授每周都给每个学生写回复或者那个女孩静静地陪在她哥哥身边那样。如果你的回答是“不是”，那么你最好调整一下你的心态，或者干脆不要轻易去激励别人；否则，你可能会加深别人的痛苦并让他们觉得更加孤独和绝望。

真实的故事

“感动教育”中一个最让人印象深刻的特征便是，不管老师还是学生，都用自己的亲身经历来激励别人。从一开始，陈教授就告诉我们讲真实故事的重要性。因为这些故事都是在生活中真实发生过的，所以人们更容易产生共鸣。

比如说，陈教授经常用他的真实的故事来激励我们。他讲述了他的家乡、他的家庭、他的学业以及他的职业生涯。他直言不讳地告诉我们他的早年生活并不轻松，并且他的成长充满了痛苦与失望。我想如果我有这样的生活经历，我可能不会愿意告诉别人我的伤痛。然而，陈教授却毫不犹豫地将他的故事讲给了我们。他告诉我们虽然有时候你很难摆脱那些绝望与痛苦，但是你能做的唯一的事情就是坚持不放弃。命运是残酷与不公的，但是你仍然需要与它斗争。他的经历和他的话语触动了我。从某种程度上说，我甚至不能想象他的生活到底曾有多艰难，我知道了还有人遇到比我遇到的更加险恶的困难，但是他们都没有放弃奋斗。现在，每当我看到陈教授的微笑或读到关于他的伟大成就的文章，抑或是听到他的学生说他们多大程度上被陈教授改变了的时候，我都情不自禁地感动。他成功地渡过了所有那些艰难险阻并且影响了这么多的学生，那么我想，我也可以。我决定不管有多少困难，我都不会轻言放弃，因为我知道有人曾经做到了这些，所以我也能。

不仅仅是陈教授，所有学生也都在发言的时候讲了他们真实的故事。有的学生说，他在海外留学的时候曾体会到了艰难；有的学生说，他进入早稻田大学之后一段时间无法找到自己的价值和前进的方向；还有的学生说，他的家庭关系并不和睦使他遭受了很多痛苦。但是最后，所有这些学生都成功克服了这些困难，并且在大学里做得有声有色。所以当我遇到困难的时候，我会觉得我能克服，就像这些学生一样。因此，我被这些真实的故事所激励了。

真实的故事确实有着强大的力量，能让人们感觉到他们并不孤单并且让人们了解到他们其实并不处在最坏的情况。他们也许只需要再做一点点努力就能实现他们的目标。所以我认为，如果你想激励别人，最好用你真实的故事，就像陈教授和他的学生们那样。尽管说这些真实的故事的时候，你也许会想起你痛苦的过去并且感到伤心难过，但是正是你的这些痛苦的经历让同样在绝境中挣扎的人得到力量，何乐而不为？一句话，请用真实的故事而不是编造的故事来激励别人。

自我领悟

即使你足够真诚，也愿意拿出你的真实经历来分享，但如果对方完全不愿意自己思考他们想要什么、他们该做什么，那么所有这些都将是没有意义的。实际上，无论你激励别人的手法多么高超，如果你的对象丝毫不为所动并且不愿意用他们的大脑去领悟，那么你的所有方法都将没有效果。

在那篇介绍“陈文权法”的文章中也提到，让学生们学会自己思考是非常重要的。他们需要明白不能只是伸手简单接受别人的建议，而是正好相反，他们需要有能力去判断所有这些建议里哪些是对自己适用的。而学生如何才能做到判别对自己适用的建议？我的回答是：学生需要清楚地明白他们的兴趣和目标都是什么。

兴趣是很重要的，拿我自身的经历来举例，在上大学之前，我听取了我父亲的建议，选择了政治学专业。但是，在我上了大学之后，我很快就发现自己对政治学毫无兴趣，所以我完全没有学习的动力。我觉得每天自己都过得很迷茫，并且一直在问自己上大学的意义到底是什么。不过，后来发生了一系列的事情，让我逐渐明白也许我的兴趣不在政治学，而是社会学，如果我有机会，我想去日本了解日本的文化与社会。就在我明白了我的兴趣所在之后，我重新拾回了学习的动力。我努力学习日语，并且努力申请到了早稻田大学交流的机会。所以，现在我在这里，在早稻田大学，选了很多关于日本文化与社会的课，并且努力准备着考取日本的大学院（研究生）。我想我的经历可以清楚地说明兴趣的重要性。当一个人发现自己兴趣所在的时候，他在做与他的兴趣相关的事情，就会充满活力并且不知疲倦。虽然有时坚持自己的兴趣会很困难，但他却不会轻易放弃，因为他爱着他所做的事情。

一个清晰的目标也是重要的。短期目标和长期目标都是很有必要的。长期目标是最终的目的地，它让你能清楚地明白你要去向何方而不会迷路；短期目标则是通向最终目的地的台阶。当一个人达到了他的短期目标，他能感受到自己的进步并且充满成就感，因此能够继续走向下一个台阶。我的长期目标是来日本学习社会学，所以我现在在这里生活学习，为大学院入学做着准备。而每当我读完一本教科书或写完一篇报告，我都会觉得自己实现了一个短期目标，我的努力是有回报的，所以我能继续充满活力地前进。而在课上，也有很多学生和我一样，说他们因为有一个明确的目标，所以他们能在这里持续努力，为他们的梦想而奋斗。

所以，在我看来，学生们需要自我领悟他们的兴趣是什么以及他们的目标是什么。这只能由他们自己决定，其他人所给的建议都有可能会误导。因此，我们需要让学生们明白他们自己思考的重要性。否则，他们会永远找不到他们自己的道路。

信任与鼓励

当你信任一个不自信的人的时候，你也许就是给了他一些动力；当你鼓励一个消沉的人的时候，你也许就是在他的背上推了一把，让他迈步向前。比起生气与指责，信任与鼓励对那些没有干劲的人来说无疑是更好的药方。

我想我大概永远不会忘记在一堂课上一个姑娘紧张到不能完成她的发言。那姑娘说她本身是很内向的，不擅长当众发言，更何况是用英语，所以她最终没撑到最后，中途在讲台上哭了起来。实话说，当我看到她哭的时候，我有一些担心其他学生会不会笑她，或者教授会指责她。然而，事实告诉我实在是杞人忧天了，所有学生只是安静地等她平复，没有人说一句话。而教授也没有指责她，反而是鼓励了她。教授帮助她完成了那一次发言，并且告诉她当她克服自己的恐惧站上讲台的一刻起，她就已经取得了巨大的进步。教授还告诉她，他相信她在将来可以做得更好。

在那次课后，我又一次回忆起了那个姑娘的发言。我在想那个时候如果教授责备了她的准备不足，将会怎样。也许那姑娘会因此变得更加没有自信，并且拒绝再一次在公众场合发言。如果这真的发生了，那么这姑娘很重要的一项能力就会因此而被摧毁。然而，陈教授并没有允许这样的情况发生。当那姑娘不能做好并且自我怀疑的时候，陈教授所做的只是告诉她她已经很棒。他一直相信着她，并且鼓励着她，这毫无疑问给了她信心。在那次发言之后，那姑娘给教授和全班同学鞠了一躬，并且微笑着回到了座位上。我想那微笑也许就证明了她获得了接下来继续努力的勇气吧。

所以，从这次经历中我了解到了，当你想激励什么人的时候，你需要坚持相信他并且鼓励他。你可以告诉他虽然他现在并没有做到很好，但他还有很大的潜力，并且只要他再一次站起来做一次尝试，那就已经是巨大的进步了，而且离他的成功又近了一点。在我看来，相信并鼓励他人，是在激励别人的过程中最关键的一点。

总结

总体来说，如果你想要激励别人，首先你需要真诚并且展现你对别人的喜爱；其次你可以用你的真实的故事让别人觉得他不是唯一一个遭受痛苦的人。然而，只做到这些是不够的，因为你还需要让他们思考他们的兴趣和目标都是什么。在这之后，你需要一直相信他们并且鼓励他们去达到自己的目标，即使他们屡次失败。

这四个因素是我认为的激励别人的方法论。我想在以后的生活学习中我也会用这样的方法去激励别人，共同进步。

2 陈文权教育法：传递能量，光照世界

林芳莹（美国华人） 早稻田大学三年级学生

“不断的学习者，勇敢的挑战者”是陈老师的名言。很难想象这么一句激励人心的名言是出自一位小时候有着悲惨童年的人。陈文权是一位很特别的教授、学者、作家，是榜样。这篇文章会讨论陈教授这个人，他的青木绅士服株式会社寄付讲座课，他的“陈文权教育法”以及我自己的经验。

首先，这篇文章会从陈教授的背景开始讲起。在文章刚开始的时候我提到，虽然陈教授是位充满正能量的人，但是他却有个非常可怜的童年。陈教授出生在一个印尼华侨的家庭里，他的父母亲在他很年幼的时候就过世了，他的继母觉得他是个累赘因而对他不好。所以，陈教授从小就常常挨饿，从来没有感受过家的温暖。与生活相比，

陈教授的求学路程同样也很不顺遂。1965年，印尼发生了“9·30”政变，在印尼的华人学校都被迫关闭，陈教授只能开始工作谋生，但是，这并没有阻止他想要学习的欲望。陈教授对工程有很浓厚的兴趣，所以他选择去日本深造。除了完成自己的电子学主修之外，他还拿到了一个博士学位。这些优秀的成绩并没有让他成功地在日本找到工作。由于不肯放弃，陈教授又取得了一个博士学位。遗憾的是，这样还是没能帮助他获得一份工作。因缘际会下，陈教授选择去美国当教授。在美国任教5年后，桐荫横滨大学邀请他回日本教书。回日本后，陈教授又拿到了两个博士学位。

刚刚的介绍很简略，但是不难看出陈教授是一位很积极也很坚持的人。热切与坚定的个性造就了他，使他成为教育界一名成功的领导者。

其次，讨论陈教授的ATLIS（Asian Total Leaderships and Innovation Seminar）课程。在第一堂课上，陈教授提到要造就领导力需要三个元素：知识、能力、领导力。领导力并非源于一名学生学业上的成就，而是其他的元素，如像领导能力、领导的责任感以及领导的积极性。要培养一位领导者，时间管理也很重要，应该在进入社会工作前就开始培养。

陈教授的“陈文权法”是一种培养领导者的方法，这种方法对学生有很多严格的规定。陈教授严禁学生迟到超过 10 分钟，严禁学生在课堂中互相交谈，严禁学生使用手机，并且规定学生要上 70% 以上的课。这些规定不只是让学生有更好的学术成绩，更是培养学生对课程和对自己负责任的态度。“陈文权法”分为四个部分：IOC 教育法、感动教育、激发性教育及激励性教育。IOC 教育法表示教育不应该是单方面的，虽然学习是学生的责任，但是也应该是老师与家长的责任。陈教授举例说，在日本大学的学习环境里，老师与学生的关系就像雇用者跟员工的关系。老师通常不太在乎学生们能否吸收他们传授的知识，而只是想着把该做的事情做完。而家长往往担心小孩过累，所以放任他们。其实学习环境对学生来说也是相当重要的，如果老师们对学生失去信心，学生也就会对自己失去信心，进而放弃自己。陈教授深信老师们不能放弃任何一名学生，不管那名学生的成绩有多差。陈教授指出，在一个班上，只有 20% 的学生是积极的。就算如此，一位好的教授并不会因此而放弃剩下的 80% 的学生。陈教授对待学生的态度便是如此，所以他不会错过任何一名学生的进步。一位好的教授有责任用自己的热情与真心去鼓励拥有好成绩的学生，同时帮助成绩不好的学生，让他们重拾自信。陈教授常常跟学生们说：“我不会放弃你”。除此之外，教授不只需要提供对学生有益的课程，更要使这些课程变得有趣。这种感动式教育可以激发学生的学习动能并且启发他们。曾经有一名学生提出:“陈教授的课不只有趣和有用，更重要的是，通过学习这门课程我重拾了自信。”简言之,“陈文权法”是帮助学生从内而外改变的方法。它训练学生对自己、对课程负责任，进而让学生专注于课堂。因为如今的学生不仅拥有更好的学习环境，还拥有热情的老师，所以学生也会更想去上课。再者，因为老师不会放弃任何一名学生，所以学生的潜能也容易被发掘，学生便更有自信勇于追求自己的梦想。

陈教授的观念常常令我想到我的父亲。陈教授多次在课堂上提到成绩并不是成功的唯一条件，特别的技能是必需的。当我还在上初中的时候，我的父亲就常常跟我说类似的话。我从小学毕业以后就离开中国台湾到瑞士的学校念书，我的学校在瑞士的意大利语区，虽然学校是美国学校，但是学校中的工作人员大都说意大利语。在我八年级的时候，我的父亲就开始让我修意大利语课。他常常告诉我说:“学校的成绩并不重要，重要的是你该学到的东西要掌握。我希望你尽可能地学习意大利语。”与陈教授的想法类似，我父亲觉得意大利语可以成为我的“特别技能”。陈教授还曾提到我们在大学选修的课程不一定与以后要从事的工作相关，这又与我父亲的观点不谋而合。我父亲在大学的时候主修物理，之后去美国取得了物理和电脑科学的双硕士学位，但是，他后来的工作却是与股票投资有关的。父亲常说："你在学校学的不一定会对你以后步入社会有帮助，但是至少可以训练你运用你的头脑思考且学会用它进行判断。"陈教授常常提到的另一个观念是"差异化"的重要性，这和我父亲跟我提到的很相似。父亲常说："当今社会，每个人都是大学毕业，而且很多还有硕士学位，这个世界现在竞争很激烈，所以你必须有别人没有的技能。"所以父亲希望我多学一些语言。除了意大利语之外，我还会西班牙语和日语，虽然这两种语言我只会一点点，但是这比什么都不会要好。陈教授在课堂上说，现在很多步入社会的人都找不到工作，我们应该要拥有别人没有的技能。

从上面的叙述来看，陈教授的确是一位很特别的人，我对他不懈努力的性格印象深刻。虽然陈教授的童年经历很多苦难，但是他没有放弃；虽然他在日本经历很多挫折，但是他没有放弃；虽然日本的教学环境不好，但是他没有放弃。陈教授表现出一个领导者该有的特质， 他拥有领导的责任、领导的积极、领导的本事，还有领导的创新。他创造的"陈文权法"，不只让他成为一名领导者，而且帮助很多在求学路途中迷惘的学生找回自信，并且没有错失掉他们可能会成功的机会。陈教授说："即使乍看之下没什么干劲的学生，其实也蕴藏着无限的可能性。对于教育者，要真诚面对学生们隐藏起来的真心，拼命努力教学的姿态是要有的。这样，他们就会找回真正的自我，面对自己的梦想，开始编写自己的故事，不是被他人编造出来的，而是属于自己的人生。这便会使他们渐渐拥有自信，开始喜欢自己，最终也会变得对人亲切起来。”

我想用一段网络上对陈教授的评语来结束这篇文章。

关于德育：教书、育人是老师的使命。可是“如何做人”这个话题，一般的老师不敢讲，也讲不了。但是陈文权教授敢讲，这倒不是因为他能博古通今，引经据典。而是因为他用自己的人生活出了“经典”和“智慧”，在挫折中学会坚持梦想，永不放弃挑战，努力奋斗传递能量，光照世界。

3 带来人生变化的一门课程

杨艺 早稻田大学 国际教养学部研究生班 中国留学生

一门课程带来的改变

作为一名不善交际的留学生，在研究生课程的第一学期，我选择了一门关于人际交流的课程。这是我第一次见到陈文权教授，也是我所有改变的开端。

不得不说，这门课的开始充满戏剧性。在试听课上，陈文权教授要求每个人上台进行 10 分钟的英文自我介绍，每个听众必须提问，演讲者必须回答。此外，每堂课后需写几句评论，课后还要写 300 字的感想文……一系列“严苛”的要求，直接“吓”退了 99% 前来试听的同学。

作为唯一一个留下来的试听者，我仍对课程抱着怀疑的态度。这门以“人际交流”为题的课程，究竟要怎样把交流的技巧在短短一学期内融会贯通？直到学期末，我才忽然意识到，我不仅从这门课上学到了如何让沟通更有效率，而且更重要的是，怎样用一种积极而美好的心态影响周围的人。

到底是什么让我们进步神速？与填鸭式的教条主义不同，陈文权教授更重于实践，并着重挖掘每一个学生的潜力。根据我的理解，我把教授的方法归纳为三个阶段。

首先，我们得愿意做出改变。事实上，由于既定的习惯和思维定式，大学生做出改变异常困难，可谓“不可能完成的任务”。但是，陈文权教授却一再强调，只要愿意做出改变，每个人都可以获得进步。影响他人本来就是互动双向的，如果一个人自身都不愿改变，又怎么指望他能够影响他人，从而改变他人呢？

其次，要勇敢表达自己。逻辑清晰地表达是交流的先决条件。 在这一层面，陈文权教授把训练融入了自我介绍、脱稿演讲、即兴演讲，还有自由讨论等环节，在一种轻松的氛围中训练我们的沟通交流能力。

最后，用积极的态度和友善的方式影响他人。在这学期中，陈教授跟我们分享了他自己的人生经历，用一种博爱的胸襟关心每一个人，不计回报地给予帮助。

值得开心的是，通过一学期的学习，我们进步显著。这不仅是沟通的技巧，更有与人相处的点滴。

交流的三个层面

● 尝试改变

我是个非常独立且顽固的人。从很小的时候起，我就习惯自己做决定，不爱听取别人的意见。为此，我走了不少弯路。

在这学期初，陈文权教授就分析了改变一个大学生的不易之处。长期以来形成的习惯和思维定式，以及盲目自信，让大学生们变得顽固不已。

谁能改变一个大学生，或者说“知识分子”？答案是没有人，除非他自己。也就是说，人只有自己愿意改变，他才有改变的可能。可是，沟通是一种互动，它涉及两方甚至多方，想要改变他人，首先得自己做好改变的准备。

由于顽固独立的个性，我曾经总爱用一种主观的思维表达自己，常常冒犯他人。为此，我希望能有所改变，学会倾听。在一次交流中，我了解到一个善于倾听的人往往也善于表达。只有以一种接纳和开放的心态，才能从别人那里吸取到精彩的想法，从而丰富自己。

因此，试着改变自己正是通过沟通改变他人的先决条件。

● 善于表达

陈文权教授的课堂可以说是轻松自由的。在课堂上，每个人都有充分表达自己的机会，与此同时，每个人都是一个倾听者。在自由讨论中，锻炼我们更清晰自信地表达。

这学期，教授要求我们有三次脱稿演讲。前两次我都磕磕绊绊，像个结巴，以至于无法在规定时间内完成。

事实上，每次演讲前我都做了充足准备：在网上查找了大量材料，用心做成了PPT，究竟为何演讲效果总是不理想呢？经过反思，我发现症结所在——不够自信。我只是单纯叙述了别人的研究，却缺乏自己的想法和观点。在准备第三次演讲时，我大量阐释了自己的理解和看法，效果立竿见影。整个演讲流利了很多，这也使我更有自信了。

确实，自信是演讲的前提。也就是说，如果对自己想要表达的东西都缺乏自信，又如何让他人接受自己的观点呢？

此外，在表达自己观点时，对听众的态度也十分重要。表现得太过强势就会显得自大无礼，毕竟交流并非辩论，这里没有对手，人人平等。

所以，清楚自信、大方得体地表达自己的观点，更易被他人接受。

● **影响他人**

怀揣一颗渴望改变的心，自信而有技巧地表达，并不意味着能影响他人。在交流的第三个层面，则是通过有效的沟通，促使他人做出积极的改变。这才是沟通的艺术。

在这个学期，我们曾对教育、成功、幸福等多个话题展开讨论。同时，陈文权教授还跟我们分享了自己的坎坷经历。通过种种方式，不仅训练了我们的沟通技巧，更引导我们用一种积极的态度面对挫折，用一种淡然的态度看待成功。

每个人都曾遭遇逆境。直面困难，并将这种信念传递给他人，为他人带来克服困难的正能量，正是交流的核心价值——为他人带来积极的影响。

在这里，最重要的便是学会给予，也就是教授讲得最多的“舍得”。我们总希望他人接受自己的观点，却很少站在别人的立场思考问题。用权力让他人信服，这不能让他人发自内心接受，更别说由此做出改变。

给予，是真心地关心每一个人，多站在他人的角度考虑，用一种柔软的方式让他人改变。这不仅是一种技巧，更是一门艺术。它看似不经意，却有坚实的力量让人打心底信服。这个观点贯穿整个学期的练习，它也将成为我们一生的追求。

具体事例

- **学会倾听**

我曾经是一个很倔的人，总不愿接受他人的意见，哪怕对我有益。通过这一学期，我的确改变了不少。最大的改变，便是学会了倾听。

在每次课堂讨论中，我试着听取每一位同学的发言，并积极与他们互动。我不再冒昧地打断别人，试图提问。当真正静下来思索每一位发言者的内容时，同学们的思考给了我不少启发，使我受益匪浅。

学会倾听也让我学会了尊重。只有谦虚有礼，方能赢得他人的尊重。而正是这种互相尊重，提供了一个和谐愉快的交流氛围，让沟通变得更加有效轻松。

如今，我渐渐习惯了倾听他人的诉说。我想，我的朋友们也看到了我的改变，并给予我充分的信任，愿意与我分享他们的快乐与悲伤，甚至心里的“小秘密”。

我曾经的一个同事，她常把我看作竞争对手，现在我们却成了无话不谈的好友。这起源于一句简单的祝贺。她曾在微博上分享了自己即将产女的消息，我看到后在微博上跟她道了恭喜。从那时起，我们就常常聊天，回想过去，我还真佩服她在工作上的热情和敬业。在与她竞争的过程中，我向她学到了不少东西。我将这些与她分享，使她备受感动也由衷感谢。

如今，我们常常聊学习、工作和生活的琐事。我们分享心得，倾听彼此，互相帮助，而不再是曾经的“明争暗斗”。对此，我们一致达成共识——这种安然的分享与平和的沟通让我们彼此受益匪浅，乐此不疲。

● 做一个充满“正能量”的人

不少朋友认为我是个积极阳光的人，这让我十分开心。正如陈文权教授所说，想要给他人带来积极的转变，首先自己就得充满“正能量”。口说无凭，亲力亲为才是最好的榜样。正如大多数受教授影响的人那样，绝非仅仅被他所说的经历感动，而是为他几十年如一日的态度所影响。

这就是榜样的力量。也许最初的效果并不明显，但它带来的改变却是持续且潜移默化的。

我试着像陈文权教授那样力所能及地给身边的人带去“正能量”，幸运的是已初见效果。

我的一位表弟刚满21岁，是一位大三的学生。在他大一时，与大多数同学一样，刚从高三繁重的课业中解脱，贪图轻松自由，几乎没有好好学习。然而眼看即将毕业，毕业和就业的压力，以及对未来的迷茫让他倍感慌张。

几个月前，他告诉我大一、大二的贪玩儿让他十分后悔，如今他觉得自己一事无成，十分挫败。他希望我能给他些学习和就业的建议。我很感激他对我的信任，他的境况不禁让我想起了自己的本科时光，无尽的自由和与之相伴的迷茫。

一方面，我以自己的亲身经历，希望他一定要引以为戒，赶紧认真学习，补习落下的功课；另一方面，我也鼓励他详细制定近期和远期的目标及相应的计划，并立即执行。此外，我还要求他定期跟我交流学习的心得，以敦促他严格遵守自己的计划。

起初，我表弟缺乏耐心，常想放弃。为给他做表率，我也给自己制订了计划，跟他一起努力。幸运的是，在我的严格要求和以身作则下，我们都坚持了下来。不久前，我得知表弟高分通过了托福考试，正准备出国深造，这让我欣慰不已。他在给我的留言中写道："就像你鼓励我说的，任何事只要开始做，就都不算晚！"

这个学期，通过种种实践，我们或多或少都有所改变，甚至开始给周围的人以积极的影响。

对我来说，这样的改变来自三个层面。作为一个曾经十分顽固的人，我开始尝试倾听，学会尊重，并因此赢得了信任。同时，我学会了更清晰地表达自己的观点，这让我在交流中更加自信。此外，我还一直要求自己做一个积极向上的人，并努力用这种积极的态度感染身边的人。而且，我还在学着关心身边的每一个人，学会了给予。

最后，我想说的是，陈文权教授的课不仅教会了我们沟通的技巧，更培养了我们用一种积极的态度面对人生，这将使我们受益终生。

24 穿越阻碍：在Soetanto教授的指导下，我变了

上村 刚 桐荫横滨大学工学部控制系统专业 Kawan Soetanto 医用超音波研究室

邂逅

听到研究室要求很严格，会想到什么呢？一定会有不少人尽量避开，觉得自己肯定跟不上。我现在在桐荫横滨大学学习，我所在的研究室就是传说中最严格的 Soetanto 教授的研究室。虽然最终成果出来了，但是，要实现这些，还是要克服前所未有的许许多多的阻碍。在此，我就从与 Soetanto 教授的初次见面开始，详细地记述我的心理变化过程。

我在大三的时候做电磁波研究，属于 A 研究室，大四的时候继续留在相同的研究室。正好在那一年，Soetanto 教授

来到本学校工作，我选了他的“医疗工学”这门课。刚开始的时候，说实话，我的学分已经够了，而且好像课的内容比较难，我本来没有想去学习，结果受到同年级的朋友劝说，我便和他一起去了。

哥哥喜欢和别人交流，并且擅长语言学。受他的影响，我也很喜欢学习语言。因此，第一堂课的时候，我便坐在第一排，用印度尼西亚语也就是 Soetanto 教授的母语和他寒暄。这个时候，Soetanto 教授非常惊讶，以此为机缘，他经常和我打招呼，这让我感到很荣幸。

教材和练习题都是英语，非常难，但是这却引起了我对医疗工学的兴趣，使我产生了要上大学院，在 Soetanto 研究室做超声波研究的想法。毕业论文的内容是关于电磁波的研究，所以要做医用超声波的研究真的是下了很大决心。但是，这个时候，我还没有想到，我的生活方式会因为我成为 Soetanto 研究室的成员而将大大改变。

研究的障碍

Soetanto 研究室很严格，这是众所周知的。进入了憧憬已久的研究室，我一定要努力，但是说实话，我当时还是很不安。

最初给我的研究题目是“超声波用模拟生物体组织模

型（超声波 phantom）的开发”。这是为了提高超声波医学应用研究和超声波的诊断技术的实验，是训练的时候使用的模拟人体的音响模型。通常，使用寒天和一种诱导蛋白质 gelatine，这种蛋白质很容易变质，不能进行稳定的可靠性高的研究和实验。因此，需要不易变质、可以长期保持稳定性的音响模型。首先，便从材料的寻找开始。

在美国，市场上已经在销售使用 urethane 橡胶的超声波用模拟生物体组织模型，零售价格是 30 万日元以上。而且，关键问题是，不能自己合成具备所需要特性的 phantom。这个题目当时曾经受到日本电子机械工业的重视，是一个非常重要的问题。正因如此，所以有许多问题值得去调查研究，这对于我来说是非常难的题目。

最初碰到的障碍，是自己个人方面的问题。我在大四的时候总是下午 4 点钟回家，再晚也不会超过晚上 7 点。自从上了修士（硕士）课程之后，很多新的东西（超声波的基础知识，药品等的电话预订方法）需要去记忆，基础实验也很多，而且选了很多课，回家的时间变得晚了。回家晚对于许多学生也不会有太大的问题，但是我是家里最小的孩子，家里人十分疼爱，结果受到了家人的责备。于是我一方面不得不早点回家，一方面即使晚了也要把交给我的任务完成，非常矛盾，很是苦恼。

此外，这个研究的项目，材料开发是重要的问题。为了解决这一问题，需要一边和化学材料生产商商量以取得材料样品的提供，同时还要反复测定音响。在 Soetanto 研究室，通常是学生自己和材料生产商进行交涉。但是，我常常不能很好地向生产商、营业人员和技术人员表达自己的想法，这比实验本身要困难得多，这样的状况一直持续了很久。

终于材料到手了，实验器材的准备又是令人头疼的问题。与本科时候完全不一样，那时做实验总是老师把实验器材全部准备齐全，学生仅仅进行实验操作。真的是很没面子，我连实验器材的组装，哪怕是工具的使用方法都不明白。

不懂得螺丝的转动方法，竟然把实验器材的螺丝拧断了。以前玩过相扑，对于体力和腕力有自信，把螺丝拧断简直是再容易不过了。这个时候，我受到了老师和同学的严厉批评。

虽然我很喜欢与别人闲聊，但是要和别人商量事情仍然是一件痛苦的事情，所以什么都自己一个人扛着，就那么把事情耽搁了，时间也一天天地流逝。

当时是在维护那没有意义的虚荣，其实现在回想起来，只要与别人稍稍商量一下，问题就会很快解决，不过当时却让自己苦恼得不行。

研究碰到了暗礁，一时束手无策，渐渐地，我失去了自信。

更坦白地说，我曾经好几次憎恨过老师，曾经认为，让学生与生产商交涉，寻找材料、加工实验器材，这也太过分了。因此，甚至都有了不把修士课程上完的想法，觉得自己跟不上老师的要求，干脆退学算了。因为这个，我向Soetanto教授哭诉过两三次。

一般情况下，老师可能会说："啊，是呀，那就退学好了"或者"你随便吧"，放任不管。但是，Soetanto教授绝对不放弃，并鼓励我说："相扑和柔道锻炼出来的毅力去哪里了？"并且为我考虑，"那么，什么样的题目才能让你十二分地发挥自己的实力呢？"然后把我的研究题目调整了很多次。最后，给我确定的课题是关于纤维化生物体组织中的超声波传播衰减的频率特性。生物体组织中癌和肝硬变等纤维化的病变部分扩大时，组织中的超声波传播衰减特性与正常的生物体组织差异非常大，这个课题就是着眼于这一现象的研究。这一现象，Soetanto教授为了获得医学博士学位，在东北大学抗酸菌研究所做研究时曾经发表过。我的课题则是对这一现象的发生原理进行说明。首先是进行纤维化组织的模型化实验以及根据分析从音响学的角度来解释其中的原理。

换了题目以后，我对这项研究极感兴趣，简直不可思议，到了忘我的程度。因此，多次通宵达旦也仍然想要继续研究，并且说服了家人。

腰椎间盘突出，研究与就职活动

进入修士第二年之后，我开始一边找工作，一边每天到学校做研究。令人高兴的是，开始渐渐看到了结果。很不凑巧的是，我感到腰痛。但是，这个时候要兼顾工作和研究，非常忙，我想不管它自然会好，于是继续坚持研究。但是，到了夏天，我终于倒下了。经过医院诊断，我患了腰椎间盘突出。

我休息了 3 个星期，在家静养，躺在床上的时候，我感到很苦恼，觉得可能就职活动和修士学位都会落空。稍微恢复了一点后，我又去了学校，结果很快就感到疲劳，腰部疼痛，脚也发麻，我感到无法集中注意力，身体怎么都不听使唤，实在是不能继续干下去，就职活动也不得不停止。身体状况稍稍稳定一点之后，我忍着腰痛去其他的公司参加应聘考试，但是进展不顺利。通过老师向人事负责单位了解到，好像是因为我不是工程师的材料。的确，忍着腰痛去参加面试，一定是很不自然的表现。现在想想，应该不仅仅是因为这个。之所以对方认为我不适合做工程师，大概是因为我当时对于研究的考虑也不成熟，也没有像现在这样的发表学术论文的经历，还是实力不足吧。

生病 3 个月后，研究室举行了学会的研究发表会。但是，那个时候腰还是很痛，连坐着都不行，心想发表会一定与自己无缘了。但是，老师强烈地建议：“你也争取发表吧。”我心里感到很不安，还是竭尽全力，勉强发表了。这时，我感到自己对研究有了自信。如果那个时候，老师没有强烈要求我参加发表，就没有今天的我。一定是老师考虑到这一点，才对我如此严格要求。此外，老师自己也曾经被相同的病痛所困扰，在亲身经历的基础上，他给了我很多战胜病魔的建议。关于研究，由一直以来的以实验为中心的方法，到用理论来说明实验数据的分析研究，采用了轮流的制度。这在研究方面无论如何都很必要，但是，当时由于腰痛的原因没有能够做实验，而采取了紧急措施。一边做实验，一边用空余的时间进行复杂的数式变形的理论分析，对于经验不足的我来说，是一件非常难的事情。由于站着、坐着都不行，只好躺着来集中思想思考理论分析。幸好，高中时的数学比较好，结果还是这个救了我。

完成修士论文

由于不能去实验室，我只好在自己家里进行关于研究的实验题目的现象分析说明。提交修士论文的前一天我心想，一直以来的疲劳，又带着紧张感，可能会有回答不上的问题。直到论文的答辩会，我还是没有自信来支撑下去，无精打采地回到家里。大概那个状态与平时很不一样（我平时是属于话比较多的那一种），担心自己会自杀。但是，我没有那么做，只是有一点是确定的，那就是，觉得太痛苦了，修士不能毕业就算了。老师看到我的心态变化，也为我担心，在我离开研究室之后，他好像还给我家里打了电话，电话是哥哥接的。家人在我因为实验而晚归的时候担心我而没有给老师好脸色，但是哥哥接到这个电话时，说道："感谢老师平日的指导，托您的福，上村刚变得坚强了。所以请您不要担心。现在逃避的话，大概一生都会以腰椎间盘突出为理由，什么都逃避，所以只要您认为是必要的，就请您指出来。精神上的问题我们家人会负责的。"

现在回想起来，不知不觉中，家人也已经受了 Soetanto 教授的影响。如上所述，以前就算是因为研究，回家晚了的话家人都不会给我好脸色，可是现在，他们竟然那样为我着想……我在家的时候，会经常给家人讲 Soetanto 教授和研究室的事情，大概家人也间接地受到了他的影响。真的，在这种情况下没有放弃真是太好了。正因为有了这样的经历，我现在才可以作为工程师在社会上施展才能。关于就职的整个过程，后面会详细介绍。遗憾的是不能就职，我得继续在 Soetanto 教授的研究室里学习，同时治疗腰椎间盘突出并接受康复检查，对身体有了自信以后，再迎接就职的挑战。

作为研究生

我要作为研究生在Soetanto研究室继续学习一年，在一般情况下，只是保留学籍，几乎不在研究室露面，这叫作“幽灵研究生”。我绝对不想当那样的学生。Soetanto教授也鼓励我：“你在修完修士课程的基础上成为研究生，也就是博士后期课程的大学院生。”这席话让我勇气倍增。

具体说来，将关于生物体组织的纤维化和超声波传播衰减系数的频率特性的研究作为论文的题目，到目前为止，我的研究内容是，使用尼龙绳作为纤维化组织的模型，在将尼龙绳插入超声波的传播路径内的时候，对超声波的衰减系数的频率特性和影响以及原理进行实验性和解析性研究。这次为了使这一研究更加具体并量化，我打算使用电脑的数值解析来说明到目前为止的研究状况。我的编程能力很不好，那就不用提了。重新学习FORTRAN程序，将复杂的计算式搬到数值计算中，并做到与实验数据进行比较。最后，反复检查程序的错误，误差分析，比较实验数据，终于得到像样的数据，并对它进行说明。联系实验数据和模拟数据，原本因不擅长而想要逃避的编程和我擅长的数学联系在了一起。终于，我找到了“有志者事竟成”的成就感。这一成果，在校内以 Soetanto 研究室为中心举办的桐荫医用工学研究会上发表了，并在日本音响学会和日本超声波医学会等 4 个学会和研究会上相继发表。即使我是健康的，没有生过这场病，也不一定能够在学会上发表。虽然忍着腰痛但在学会上发表了好几次，我切实感到自己跨越了巨大的障碍。

再谈就职

顺利地取得了研究成果，不可思议地，就职活动也很顺利。

其实，在刚成为研究生的时候，本科的老师为我介绍了一位打算建立一个关于电磁波障碍的对策技术的公司的朋友。如果公司能够顺利建成的话，我将作为技术人员被招聘。但是，由于没有顺利筹集资金，这个念头就打消了。说实话，当时真是束手无策。但那时候，我听说三菱重工、凡用机械东日本股份公司也在召集技术人才，我参加了选考。那就是我现在所在的公司。我现在是作为发动机控制的工程师进行研修。面试的时候，我把到当时为止的研究成果的摘要和初稿的复印件带了过去，并把我患腰椎间盘突出的故事全部讲给他们听了，这次我再也不觉得病痛是自己的短处，而是将它作为我的优势来利用。我告诉他们，“我是在与病魔斗争的同时取得这些研究成果的”。这次，我果然收到了聘用通知书，那是知道我的患病经历后而做出的决定。如果我隐瞒这一事实，就算合格，周围的人也不知道我奋斗的艰辛。因此，我认为对于我这是理想的就职。

老师经常质问：“日本企业的聘人方式真奇怪，毕业研究和修士论文的结果还没出来的时候企业就开始‘买青田’式的招聘活动，那很可能不了解学生的能力而聘用，这没有问题吗？”“毕业论文还没有总结出来，包括学习以外的能力，学生是否真的对于公司有价值，在没有判断依据的时候，只能依据大学的等级评价和偏差值，那不可能准确。”我虽说有患病的历史，竟然通过与 Soetanto 教授的想法相近的方式进行了应聘。现在回想起来，修士二年的时候参加就职活动，对研究成果还不是很有信心，就算没有患腰椎间盘突出的事情，也不能说服面试官。克服了腰椎间盘突出，在研究方面也取得了成绩，能在学会上发表，这些所给予我的自信，成为面试中的动力和自己的突出方面。面试时，面试官是在看了我研究发表会所用的摘要，并了解了我患腰椎间盘突出的事情之后才聘用了我，也就是说，在详细了解了“商品”的质量以后才决定聘用我。

总结

的确，Soetanto 研究室不是一般的严格，但是在战胜困难适应这样的严格要求之后，会获得强大的精神力量。战胜困难取得成功的感受是空前的，可以获得成就感和满足感。此外，老师曾经在美国执教，大概是深受美国教育方式的影响吧。我幸亏适应了这样的教育方式，今后无论面对什么样的困难我都有自信。在进入社会之前能够在 Soetanto 研究室接受锻炼，真是再好不过的机会。

以前我面临困难的时候只想到立即逃避，大多情况下都是勉强应付。现在，由于自信心的确定，面对困难我也可以积极处理，形成解决不了就决不放弃的性格。

大学的老师，大部分都只能热衷于指导学生研究和学习。但是，我切实感到：Soetanto 教授为了学生将来的成功，不仅仅是研究的指导，对于学生的心灵成长也在积极指导。

最后，我能够这样成长并作为工程师开始我的职业生涯，与 Soetanto 教授的热心指导是分不开的。此外，还有助手竹内真一老师、来自中国香港的留学生，目前在进行博士后期课程学习的小陈、斋须善文晚辈等 Soetanto 研究室的成员也做出了共同努力。在此，再次表达我对他们的感谢之情。

5 Soetanto效果所造就的新的自我：激活人的强大潜力的教育

渡会 浩 桐荫横滨大学工学部控制系统专业 Kawan Soetanto 医用超音波研究室

人有强大的潜力，并且存在一种教育方式来激发这种潜力，我明白这个道理。那么我就将自己的亲身体验告诉大家。

我到目前为止经受了屡次挫折。本来直到中学，我的成绩一直徘徊在 65 分到 70 分之间，也是喜欢学习的。但是，中学时不知不觉有些自大，认为“我只要稍加努力就会很快掌握”。进入高中之后，我接触到许多新的事物，由于贪玩，养成了懒散的生活习惯。那时候，我还是有自信，认为“我只要稍加努力就会很快掌握”。但是，不知不觉中，我变得根本不会学习，高中的课程比较难，我很快就掉队了。曾经骄傲地认为“我只要稍加努力就会很快掌握”的我，慢慢自卑起来。而且，为了摆脱这种自卑感，我干脆不去学习了。

其实，在中学的时候我是拥有梦想的，那就是要成为一名医生。因为母亲在我1岁零6个月的时候患癌症去世了，而且父亲现在已经是74岁的高龄。在这种环境中成长的我，一心想要对自己的家庭有所帮助，而且，母亲生前也希望我将来成为对社会有用的人。所以，我产生了将来一定要成为医生的愿望。但是，逃避、自卑感而又生活闲散的我，渐渐淡忘了那个想法，高中毕业后自然成为复读生。既然成了复读生，早晨可以不用起床去学校，每天磨磨蹭蹭就过去了。虽然也曾进过预备学校，但是那里没有任何强制的规则来约束人的意志，所以我几乎没有去上学。懒懒散散地生活的同时，我不禁问自己：我活着是为了什么？这样的想法和自己作为复读生的自卑感，再加上自认为是社会的渣滓的想法的共同作用之下，我感到非常苦闷。活着这么痛苦，还不如死了痛快。于是，真的就认为自己不行了，无论什么都认为“这是父母的不对，是这个世界的原因”，把责任都归结在别人身上。面对自己不会的事情，也要一一给自己找理由。

这样过完了复读生的第一年，接着第二年也开始了。尽管如此，第二年还是有点想学习，并告诉自己要努力。但是，我已经变得不会自我管理，要好好学习真的很难。早晨不能按时起床，学习中碰到一点点不明白的地方就会放弃。

结果，和第一年复读的状况一样，没有进步。而且，很快便迎来了成人节，成人节仪式上遇到了以前的朋友，发现大家都生活得不错，要么工作，要么上了大学。那样的情况下，我真的感到自己不可救药。于是，世界上的所有的东西都变成了我自卑感的来源。

很快到了考试的时间，我便想，暂时将自己会的地方准备准备吧。于是，努力学习了一个多月。另外，为了不给自己增添自卑感，没有学习新的内容，只是把高中阶段的内容反复学习了。尽管这样，还是勉强考上了桐荫横滨大学。当时，我真的非常高兴。进入大学以后，对于复读时候的自己简直就是从地狱到了天堂，我实实在在地感受到大学的学习氛围，并对新的生活充满了期望，一切都那么新鲜，我简直快乐极了。

但是，大学课程开始了半学期的时候，我产生了一个想法。那就是，我仅仅因为是理科生所以什么都没考虑就进入了工学部，而不是因为要成为工程师而进入工学部。想到这一点时，我不禁愕然，而且，要成为医生的梦想也开始苏醒。于是，沉浸在考上大学的喜悦中的我便开始思考，我为什么要上大学呢。大学里，老师与黑板玩对眼游戏的同时给我们讲课，没什么意思，我特别提不起兴趣，总在课堂上想：为什么要学习这些呢？与高中时代不同，不需要为了考大学而学习，又不想成为工程师，上课对于我毫无意义。渐渐地，我便不去上课，又回到了复读时候的那种生活。为自己生存的意义而苦恼，又为自己回到复读时的生活状态感到自卑。

就在这样苦恼的状态中，很快度过了两个学年，这时我收到了一封信。内容是："这样下去的话，毕业很危险。"原来是学校发来的。父亲看了以后，脸上呈现出非常遗憾的表情。那也难怪，母亲不在了，父亲一个人把我带大，好不容易复读了两年考上了大学，结果又要面临不能毕业的危险，那是多么令人失望的事情。我感到很对不起父亲，也对不起天国中的母亲，我决心三年级的时候尽量努力试试看。

与教授的邂逅

到了三年级，我暂时把所有的课都选了。目标就是要升级，仅仅为了这个目的，我去大学听课。有一门课是电气测量，在那门课上我遇到一位教授。他的名字叫 Kawan Soetanto，来自印度尼西亚。电气测量 12 次课中，Soetanto 教授只教其中的一次。给我留下的最深刻的印象，不是和课程直接相关的，而是关于教育的话题，讲的是关于学长通过在 Soetanto 研究室做研究而成长的过程等。在那次课上，Soetanto 教授热忱地告诉我们："有志者事竟成，我的字典里没有‘不可能’三个字。”听到这番话后，我感到身体的深处涌起一股热流，全身不停地颤抖。在那一瞬间，我坚定地认为，现在改变还来得及，不要再感到自卑。我要什么都努力去尝试。从那以后，我真的什么都想去尝试。

一直以来，由于存在自卑感，做什么我都感到有极限。总是认为要比现在更好我做不到，不可能做到，因此，我逃避了很多次。但是现在，我的想法发生了不可思议的变化，不管是什么都要去尝试，认为自己一定行。那是一种死而复生的心情。

在那样的状态下，到了三年级的后期，该分配研究室的时候了。最初我想要去信息系，为了不削减当时的努力积极性，我希望去 Soetanto 研究室。那是一个电子研究室，主要研究医用超声波，对电子系的研究我很不擅长，但是，正因为不擅长所以更要去挑战。而且，虽说是电子，但还是医用，我本来就想当医生，这样的研究室正合我意。与 Soetanto 教授的邂逅，还有应用医学工程的研究室，我不能不认为这是上天的恩赐。但是，毕竟是很有人气的研究室，甚至有人为了进入 Soetanto 研究室要留级一年，也就是当“研究室复读生”也愿意，我非常担心自己不能分配到他的研究室，但最终还是幸运地实现了愿望。

进入研究室之后

暂时顺利地升入四年级之后，开始进入研究室做毕业研究。研究室里，有做一流的前沿研究的学长，还有支持这些研究的讲师。那时候，我非常担心自己能不能从事那样前沿的研究。于是，我被给定了一个研究课题——关于超声波造影剂的研究。超声波造影剂，是一种用在血管中的很小的气泡药剂，通过它可以在使用超声波诊断装置检测人体内部时，寻找心脏瓣膜的异常和难以发现的癌细胞。这是Soetanto研究室的支柱性研究之一，这个研究任务就落在了我的身上。说实话，药剂的研究我是一窍不通，因为一直以来我都在学习电气和机械知识，现在却必须要研究化学和药学。Soetanto教授说有志者事竟成，我想那就试试看吧。但是，Soetanto研究室的研究不是普普通通的方法就能解决的，最大的问题是必须自己考虑要研究什么。我是第一次做研究，很够呛，根本不知道该怎么办才好。但是，Soetanto教授说过，自己不考虑的话，就不会产生有创意的想法，所以我想那就试试看吧。实际上，试着做以后，学长和讲师都会提供支持，果然，实验中我产生了很多的想法，变得能够做研究了。而且，在学校里，有Soetanto研究室主办的桐荫医用工学研究会、材料技术研究协会和医用技术研究会共同举办的学术会议。这种研究会通常一个月一次，Soetanto 研究室的学生必须参加，每次都要有新的内容和进展，那真是太难了。看到学长们干得那么出色，一副胸有成竹的样子，我也暗下决心，一定要努力下去。但是，接下来我又遇到了巨大的障碍，那就是要登台发表，并且要求不看原稿而将自己的研究讲出来。经过几次发表之后，我可以在大家面前出色地发表了，还在研究方面申请了专利。现在，我在上大学院，继续努力进行研究。不知道从什么时候开始，我变得充满自信与快乐，自卑感变成了进取心，原来什么都怪别人，逃避责任，现在我学会自己承担责任，对于父母的不满也变成了深深的感谢之情。

音乐与研究

其实，从 14 岁开始，我就有一项爱好，那就是 disc jockey，简称“DJ”。提到“DJ”，大家可能会想到在电台主持节目，但其实不是这样，我做的工作主要是操作两台 record player 和 disco mixer，用 record 来放音乐，做一些编曲之类的事情。另外，就是用一种叫作 MIDI 的电子乐器来作曲等。这样的事情我做了近 10 年，大约 18 岁的时候就已经在外面从事这方面的工作了。现在已经做了 10 张唱片、5 张 CD，其中有一首销量超过了 200 万张的畅销歌曲。

之所以会突然提到这件事情，是为了证明音乐领域的成功和研究室的经历都是Soetanto教授教育的结果。

Soetanto教授说，研究和工作基本是相同的，大都有三个过程。首先产生想法，其次将它具体化，最后是表述的过程。在研究方面，提出想法、实验、写出论文并在学术会议上发表，的确符合上述的三个过程。在音乐领域也存在相同的过程。首先提出想法，在此基础上做成曲，最后形成作品或商品向社会推广。这三个过程一个也不能缺少。比如，想法和实行是相伴而行的，内容再好，没有好的表现形式也没有意义。这在科学和音乐领域都是相通的。在研究室的体验对于音乐兴趣方面起到了很大的作用。也就是说，在研究室的经历影响了我的音乐创作。

这样我可以兼顾音乐和研究了，但是要兼顾两者并不是件容易的事情，稍稍在自我管理或自我控制方面有所懈怠，就会形成“脚踏两只船”的局面，最终一无所获。的确，到大二的时候我还在闲散地做着音乐的工作，以至于产生了不想去上学的念头。但是，看到Soetanto教授兼顾研究与教育的样子，自己也产生了要努力尝试的想法。最终两方面都成功了。从这里，我明白了一个道理，那就是热情和行动，也就是内心的想法很重要。

Soetanto效果

在这所大学里，流行着一个词，那就是“Soetanto 效果”。它是怎么回事呢，那就是只要 Soetanto 教授在旁边，大家就会感到非常有干劲，他可以达到这样的效果。而我，就正是这种 Soetanto 效果的最佳表现，在我身上发生的变化让我自己都感到惊讶。比如，且不说现在对什么都感兴趣，什么都想尝试。更值得一提的是，到大四为止的 24 年间，我没有一次可以不靠闹钟起床，但是，现在谁都不叫我也能够准时起床。非常不可思议，到了该起床的时候，我就会自己醒来。进入大三之后，会有一年一次的学力认定考试。那时我在考试中的排名是 120 人中的第 108 名。但到了大四，我的成绩上升到第 20 名，这让我大吃一惊。在研究方面，我也在学校内外的学会发表了 9 篇论文，申请了两项专利。发表的时候也好，在研究室里也好，总能听到“渡会发表很厉害”这样的称赞，而且，我所爱好的音乐方面也取得了成功。令我惊讶的是，我的家人和朋友看到我的变化，也变得更加努力。在学校之外，Soetanto 效果也得到了体现，真的是棒极了。

注重心灵成长的教育

Soetanto 教授一直以心灵成长为宗旨来开展教育工作。我从自己的经历中体会到，真正关键的是自己的心态。受到

Soetanto 教授的教育，我的心态发生了变化，我对事物的看法都发生了 180 度的转变，真的是死而复生的感觉。像我这样虽然拥有上进心，但是这种上进心变成自卑感了，对于人生感到迷茫而痛苦的大有人在，而且自己不知道该怎么办，畏缩不前。对于这样的人，这种注重心灵成长的教育是不可缺少的。

人都具有无限的潜力。但是意识不到自己的这种潜能，进而不能加以发挥就没有意义了。但是要知道自己具有强大的潜能，并充分发挥出来真不是一件容易的事情。Soetanto 教授拯救心灵的教育正是具有这样的意义，能够将人的潜力发掘出来。我通过自己的经历明白了，世界上真的存在这样的教育，而且这样的教育是非常重要的。世界上真正起作用的教育并不是为了让大家考上大学，而是让人心灵成长的教育。如果 Soetanto 教授把我当成差等生对待的话，作为自卑感集合体的我一定不可能会有现在的成功。人都有自己的特点，即使大家做相同的事情也会有不同的表现。Soetanto 教授的教育方式，就是很认真地对待不同人的特点，从而发掘出各人的潜能。Soetanto 教授经常说："人生中的小插曲很重要。"我通过与 Soetanto 教授的邂逅，发生了很多小插曲，得到了许多体会，这让我明白了，我要做自己人生戏剧中的主角，去演绎自己的人生。这是多么重要。这个实验室给我的体验将是我人生中的巨大财富。

现在，我很庆幸自己能够在这所大学遇见 Soetanto 教授，并感谢他让人心灵成长并发掘人强大潜力的教育。我要铭记研究室的经历，以现在积极的心情去面对我今后的人生。

最后，非常感谢支持我的家人、Soetanto 教授为首的研究室的老师和学长，还有我的朋友们。

精诚所至，金石为开：“朽木不可雕也”的大内章子成长为大学教员

1996 年，我与大章内子相识。当时，她还是日本桐荫横滨大学法学系四年级的学生，而我在医用工学系执教。我们本是八竿子打不着，却因为一次意外的羽毛球事件而结缘。文科生的大内本科毕业后，突发奇想，报考了本校理工科的研究生。阴差阳错，她被分到我的研究室。这名被其他教授称为“朽木不可雕也”的学生，经过两年刻苦努力，如愿以偿地成为日本国际医疗福利大学的护理教员。她的成长，凝聚了多少泪水和汗水，谱写出一段师生情的动人诗篇。一幕幕，至今仍历历在目。

羽毛球场初识大内

大学为增强教师的身体素质，每周五晚上都举行羽毛球比赛。我从小喜欢打羽毛球和乒乓球，动作敏捷，技术也不错，常和其他老师一起参加比赛，有个别学生也到场一起活动，大内就是其中的一位。

一开始我就被分配和大内一组。大内身体笨重，动作缓慢，打球规则完全不懂，头脑里没有赢的念头。尽管如此，我还是志在必得，比赛时，她在前，我在后，每个动作我都得给她发指令，要不然她就不挪步，等着羽毛球落到她的拍子上。

“出左脚。”“出右脚。”“上前一步。”“退后一步。”

费了九牛二虎之力，好歹赢了这场比赛。我和大内都大汗淋漓。

第二周的比赛，又是我和大内搭档。组委会说是为了保持各组的力量平衡。大内看到与我搭档，脸上立刻露出畏难表情。我依然是斗志昂扬，看到大内稍有松懈，我就大声喊：“你在干什么！”最后，我们又赢了这次比赛。

大内在文章中这样写道：

“陈教授边打球边一一指点我防守位置、出脚方向、握拍挥拍动作，搞得我手忙脚乱，十分紧张，参加比赛简直成了件苦差，毫无乐趣可言。但是几场比赛下来，我发现接受陈教授的指点，自己的球技进步很快。渐渐地，比赛变得十分有趣。”

一次，我与大内搭档比赛时发生了意外。我在后排防守，羽毛球朝我的方向飞过来，我用力挥拍接球，没想到站在前面的大内刚好转过身看，结果球狠狠地撞在大内的嘴唇上。“疼死我了！”她立刻大声叫了起来。糟糕！眼看着她的嘴巴肿起来，像个乒乓球。大内又疼又恼，哭丧着脸大声责怪我：“太过分了，这叫我怎么嫁人！陈教授要负全责！！”周围的老师听了都捧腹大笑。我赶快上前赔礼道歉，想办法安慰她。

从这次羽毛球事件起，我开始与大内交谈。

报考医用工科研究生

我了解到大内以前是护士，已有14年的临床经验。1996年，她辞掉了疗养专科医院护士长的工作，经学校老师介绍，当上了专门护理学校的临时教员。她的梦想是将来当正式护理教员。

一天，大内到超声波研究室找我商量报考本校研究生的事情。

大内在护理学校当临时讲师，学生反映听不懂信息处理课程，课堂枯燥乏味，昏昏欲睡。大内想，如果护理教员有临床护理经验，能结合具体护理实务教授信息处理相关内容的话，就会激发学生的兴趣，提高他们对这门课程的热情。她分析大医院的护士把电脑作为辅助工具，今后，电脑在护理教育和研究方面会发挥更重要的作用。因此，大内想报考理工科研究生系，学会用电脑，掌握工学的知识和技术以及研究方法。

医院里医用器械的实际操作和管理主要由护士担当，比如不断技术革新的人工透析器和人工呼吸器等，护士应该熟练掌握医用器械的基本知识。另外，疗养护理时，抬移患者时的用力方法和护理器械的使用方法等都需要用到工学知识。

但文科生想报考理工科研究生系，未免有点突发奇想。大内自己也感到忐忑不安，她在文章中给出了下决心的原因："我想起打羽毛球时陈教授的教诲，只要拼命努力，一定会增强实力，有所收获。就像打羽毛球一样，听陈教授的，一定没错！我决定报考工科研究生系。"

研究生生活伊始，困难重重

桐荫横滨大学是新兴的私立大学，理事长极力主张入学考试制度的大胆改革，不论文科、理科，六门功课中，只要任选两门考试即可入学。因此，学校里不乏数学物理基础都很差的理科生。

大内勉强通过了研究生入学考试，她沉浸在梦想与希望的快乐之中。她在文章中写道："开学了，突然置身于完全陌生的学习环境，刚开始上课我什么也听不懂，真是吃力。其实陈教授为了让我尽快适应新环境也煞费苦心，法学部毕业前三个月的时候，他安排我进行血液和界面活性剂的混合试验。我是丈二和尚摸不着头脑，连症结所在也搞不清楚。出于不安和焦虑，我总是缠着陈教授研究室的学生教我，没经认真思考就去问别人，提的问题十分幼稚。大家被我缠怕了，一见我就躲起来，还警告我别损坏器械，最好什么器械都不要碰。时间不知不觉过去了，我还是一窍不通。"

其实我从助手和学生那里得知，大内对不懂的问题，不是虚心请教搞明白，而总是给大家买面包圈、肯德基炸鸡块，让大家帮她做实验。这种让人帮忙的做法也许在她当护士时灵验，可这里是大学，自己不动手做实验取得数据，将来怎么做研究发表论文？我绝不能袖手旁观。

严格要求，鼓励学生直面困境

一天，我把大内叫到我研究室，一针见血指出："老是缠着别人教你，大家见你就跑，这种做法行不通，你得设法学会自己解决问题。"

无疑，这对大内是重重一击。日本的大学老师普遍认为，大学生是成年人了，学不学习是他们自己的事，即使学生不对，也没有必要严厉批评学生，费力不讨好。家长也宠惯子女，所以助长了学生骄傲、听不进批评的坏习惯。

我观察大内的反应，她一个礼拜没有来研究室。我能理解她的苦恼，但如果不能早点改变这种思维和行为方式，恐怕她将很难适应理科研究生课程。

正如我所料，大内听了我的批评，情绪低落。她写道："在法学部，有年龄相近的进修生，也有护士，我们可以无话不谈。但现在，我比研究室的同学大十好几岁，独来独往，没有朋友可以商量。我感到非常孤独，偌大的校园，没有我的立身之地。我以为陈教授不理解我的状况，便情绪低落，考上研究生的兴奋劲儿也消失殆尽。我前进的道路上遇到了巨大障碍。"

经过一段时间的反思，大内还是决定改变策略，放下架子，谦虚请教同学。我很高兴看到她的这一进步。

她写道："转眼新学期开始了，我进入了桐荫横滨大学工学研究生系，攻读控制系统工学。我告诫自己再不能消沉下去。由于好面子，我决定再也不说'教教我'这句话。搞不懂的内容堆积如山，我买了一些计算机及数据处理软件的书自学，可还是跟不上课程进度。我决定下次一定要谦虚地向其他学生请教。结果，我得到了认真的回答。我总结出：

自己的态度改变，对方的态度也会随之发生变化。”

告诫学生抓住机遇，提升自己

印尼有句谚语：“机会之神头发很稀薄，只有刘海部分。”意思是：当机会之神来到面前的时候，要一把抓住他的刘海。机会之神的脑后没有头发，要是从面前溜过去就不见了。机会何时降临无法预测，只要认定它是机会，就一定不要错过。我常用这句话告诫学生。

我很欣慰，大内牢牢记住这句谚语，决定抓住读研究生的机会。

她写道：“我有一段时间意志消沉。某次会议上，陈教授说‘机会之神的头发很稀薄，只有刘海部分’。既然考上了工学研究生，也许这是个难得的机会。工学当然是擅长英语、物理和数学的人来深造的地方。老实说我的英语、物理和数学都不好，但我决心抓住这次攻读工科研究生的学习机会，绝对不能让机会白白浪费掉。同样的机会不会来第二次，一定要坚持到底，决不半途而废！”

教鞭和糖果相结合，循循善诱

但人的情绪总有反复，尤其是遇到困难时。我对学生批评指责之后，尽量缓解气氛，给他们更多鼓励，关注他们接下来的变化和发展。教育绝不能光用粗暴高压的方式。逐渐地，学生也能理解配合，取得良好的教学效果。

大内写道："考上研究生以后，学习、研究和生活等方面的烦恼接踵而至，我又陷入低沉消极状态。但受陈教授的影响，我可以较快调整自己的心情。陈教授表情非常丰富，看到他笑容满面的时候，我的心情也会变得开朗；反之，当他皱着眉头踱步的时候，我想赶快退出去。陈教授从不摆架子，非常有人情味。和陈教授接触，即使有烦心的事情，也不会影响我很久。

"陈教授说话也常常很不客气，之所以如此，是因为希望学生赶快纠正错误，有所进步。人生来就有惰性，陈教授看穿人性的弱点，对学生严厉批评。但之后一定会露出笑脸，鼓励学生继续努力。陈教授简直是把教鞭和糖果运用到了极致。因此，学生即使觉得痛苦也不会厌倦，能够跟他学下去。"

设置障碍，多方面培养自信

像大内这样做过十几年护士工作，进大学读完法律本科，又攻读控制系统工学的人很少。她几乎完全没有工科基础，英语也不懂。入学面试时，面试老师好心而严厉地提醒她："本校不会将课程的难易度降到你所能理解的程度。"当然，考试也和其他学生一视同仁。但她没有退缩。

到目前为止，其他全部课程，大内只要坐着听讲就能拿到学分，她没有面试老师讲的受挫折的感觉。但我的课堂与其他老师的课堂大相径庭。我认为凭死记硬背，搞不出发明创造，一定要培养学生活学活用的能力，让学生做课堂的主人公——当老师，站在讲台上讲解、发表、回答提问。这可难坏了不少学生。

大内写道："只有陈教授的课上，站在讲台上的是学生。学生自己选择研究题目，向大家做浅显易懂的说明，还要回答大家的提问。参考资料有日文的，也有大量英语原文的。我对英语似懂非懂，这些长串的专业术语和表格，让我眼花缭乱。虽然我有当讲师的经验，但想讲解得让每个人都理解，真是非常困难。一开始上台发表时，要么是内容说明不够充分，要么是不能很好地回答大家的提问，我屡遭挫败，焦头烂额。为了准备陈教授课堂的一次发表，我往往需要花 4 倍的时间阅读资料、核对数据等。一周 80% 的时间都在忙陈教授的课程，查资料、预习、复习，真是苦不堪言。但也正因为选修了陈教授的课，我学会了如何教别人的诸多方法。"

举办例会，鞭策学生努力学习

我的研究室每周举办例会，学生在会上汇报研究进展。

这一周做了什么，和上周、上上周比较有何进展。不仅如此，会上要向大家汇报自己怎样成长进步。我认为，当众发表，有助于训练大家如何将自己正在进行的实验做浅显易懂说明的表述能力。发表的人给出自己的观点，通过向每个人询问意见看法，可以找出自己的意见是否偏颇，及时修正课题研究的前进方向。

我要求听报告的一方必须提问。要提问就必须仔细聆听并理解报告者所讲内容，这样极大地训练了学生的注意力和理解力。不陈述意见，出席会议就没有意义。因此，直到每个出席者都至少提问一次，当天的会议才算结束。提问促使发表者做进一步思考，我对提问的内容也会给出评价。有一名男学生，无论如何也不能提问，大家等我破例结束会议。但我决定让大家留下来，等他提问。沉默中，两个小时过去了，这名学生终于提问。我看到他由于紧张过度，小便失禁，裤腿都湿了。这名学生自此开始努力发言，表达意见。

此外，我的研究室每周还举行英语会议。我要求学生提前阅读翻译关于超声波研究的国际论文，一个人花两个小时发表意见和回答问题，很多学生为此头痛，甚至找借口逃课。但坚持了一段时间以后，课堂气氛开始变得活跃。

大内写道："我发现英语会议有助于我们开阔视野，增强思考能力，对于深化课题研究非常有用。通过在会上提问与解答，我学会了如何从对方的角度说话，问题尖锐但不伤害对方。我原来很容易被别人的意见左右，有时提问不讲求方式，甚至出口不逊。经过反思，我认识到一定要提高自己的品格修养，保持高尚情趣，这样处理问题时才能游刃有余。

“陈教授研究室的会议的确可以让人学到很多东西，会上的讨论非常有意义而且振奋人心。”

没有一个学生掉队，这也许就是孔子所说的“乐此不疲，欲罢不能”的效果吧。我感到无比欣慰。

举办研讨会，克服研究发表障碍

我的研究室每年举办 6 次桐荫医用工学研讨会（BME Symposium）。我的研究室的学生都要参加研讨会并在会上报告研究状况。二年级的学生，已经基本上习惯各种场合的发表，能带着实验的结果自信地参加研讨会。

只有二年级的大内还是达不到能登台发表的水平。

记得有一次，大内的研究结果评价很差，原因是她没有完全理解研究内容，图的说明不够充分。而且，同学的提问也回答不上来。结果，第 12 次和 13 次的研讨会上，我没让她做发表。

大内争强好胜，不能和同学同一期发表，她好不容易产生的信心又遭到了沉重的打击。但我不妥协。

大内必须对自己的发表内容有深入的理解才行，否则无法回答大家的提问。她争取每个机会练习发表，希望能参加第 14 次研讨会。终于大内可以进行研讨会的演练了，我看到她满脸紧绷，十分紧张的样子。

这次参加发表的人数比平常多，每个人发表 30 分钟。轮到大内发表，她紧张得连续失误，同学的提问也根本回答不上，她一个人就花了两个小时。

原来，我的助手佐藤不但教大内新实验仪器的使用方法，甚至还“越俎代庖”，为她取得了非常理想的实验数据。没有能够深入思考的实验结果，当然无法应对大家的提问。

我严肃地说：“你不是要当老师吗？不能回答提问怎么行？恐怕不能让你参加研讨会了。”最终大内没能参加第 14 次研讨会。

接下来一个礼拜，大内没来研究室。宿舍的同学跑来报告，大内收拾行李搬走了，并扬言要退学。我反省是不是对她过于严厉，她也许认为自己足够努力，可以登台发表。但我想这一年半的时间，大内已经成长为有“芯”之人，赌气离开，只是一时气急败坏的行为吧。我默默期待她早日回到研究室。

大内写道：“自己满怀信心，却屡遭失败。这回我无法压制心中的懊悔和悲伤，不禁产生了这样的念头，不能当老师算了，研究也不要继续了，研究生不读了，回去当护士还省心。当天晚上，我就开始收拾行李，准备回家。

“但我的气愤与悲伤渐渐地平息了下来，心里更多的是沮丧和懊悔。我开始询问自己，真的就这样放弃吗？挑战困难不是很有意义吗？我的人生中还没有遇到这样眼看就挺不过去的危机。大家都在帮助我，特意花两小时陪我练习。还是不要急躁，再努力试试，还有机会，再全力以赴拼搏一次吧。我这样边鼓励自己，边反复进行着激烈的思想斗争。几天后，我又鼓足勇气，跨入了校门。”

看到重返校园的大内，我动脑筋想怎么能帮她顺利在第15次研讨会上发表。既然她善于记忆和表述，而非长于深入思考，我便叫研究室的每个学生针对大内的发表内容，写出以上5个设问，叫大内一一书面回答，然后用心记忆。终于，大内可以自信地在大家面前发表实验数据并且回答提问。演习时，不知怎么回事，别针式麦克掉进了她的胸口，后排的人听不到她的声音，只听到她剧烈的心跳。由于站在台上紧张，她居然浑然不知，我哭笑不得。

终于，在第15次研讨会上，大内和其他研究室的同学一起发表了研究成果，评委对大内的发表给出了第一名的成绩！

大内写道：“这是我付出超过一般人的努力获得的胜利成果，它使我对人生充满莫大的自信！”

攻克英语难关，培养另一种自信

大多数日本学生因为发音不好，某种程度上对英语有惧怕症。如果能掌握专业英语，会给他们以极大的自信。为扩展学生的视野，我还搜集了大量国外发表的最新研究成果论文，让他们阅读并做解说，一箭双雕。

大内几乎没有英语基础，看到她每天夹着厚厚的字典，专业英语必修课上手忙脚乱，我很同情她；但考试时她简直胡编乱翻，词不达意，我还是决定不给她学分。警告她再这样下去，只好留级。

大内受到很大刺激，她跑到研究室哭闹，胡搅蛮缠。她现在已经是大龄青年，留级，毕不了业，我要为她的婚姻负全责！！还说再逼她，她就自杀。其他研究室的老师跑来劝我“手下留情”，这种“朽木不可雕也”的学生，还是趁早让她毕业，否则惹得满身白虱，自讨苦吃。若学校闹出了自杀事件，陈教授不但名声扫地，说不定被学校解雇，没了饭碗。

我假装平静，谢过他们的善意提醒。其实心里也是十五只吊桶，七上八下。细细分析大内的性格，想必她有点急了，说出这番话来，不至于真的跳楼自杀。

后来得知，她假期偷偷报名参加了初级英语班，跟小学生一起从头学起，这是她的可取之处。

大内写道："没有想到研究生课程中用到英语的地方如此之多，研究室里、会议上、专业英语必修课上……第一年，几乎每天我都处于用另一只手查字典的状态。我本来英文没基础，专业英语的论文翻译量又极大，我怎么也跟不上，一年级上半学期没拿到学分。这时陈教授严肃地告诉我：'如果下半学期英语还拿不到学分的话，你只好留级。'我感到非常焦急，我一定要和大家一起升入二年级，仅仅我一个人留级真是太没面子了。下定决心之后，我报名参加了暑假英语培训班，厚着脸皮，和小学生一起学习。

"英语培训班成了我的救命稻草。暑假后，我大致搞明白基础语法，但专业英语还是很难，费了九牛二虎之力勉强跟得上。

"专业英语的考试范围是上课时讲过的全部内容，A4纸上10号字密密麻麻的10页，不把它全部翻完吃透肯定考不及格。连续忙了好几个通宵，直到考试前夜还是没翻完。眼看没有时间了，我脑力体力也到了极限。就在这想放弃的一瞬间，脑海里回响起陈教授鼓励的话语：'现在不干什么时候干？现在不努力什么时候努力？'

"这话跟打羽毛球时经常鼓劲我的话异曲同工。比赛搭档的时候，陈教授经常说：'既然来了，就要好好打，一定

要打好。我们会赢，一定要赢！’

“我一宿没睡便去参加考试，居然所有的问题都能够回答。‘终于考完了！’我高兴极了，立即冲到办公室，向为我担心的其他老师报告喜讯。

“我顺利拿到下半学期的学分，和同学一起升入了二年级。到那时为止，我从来没有认认真真地学习过英语。与其说不擅长，不如说是自我逃避。在陈教授的谆谆教诲和自己的努力尝试后，我真切地感受到，只要下功夫就能学会。一分耕耘一分收获。英语学习增长了我的另一自信。”

“陈文权效果”

大学里，我的研究室严格得出了名，但想进我研究室的学生排长队，甚至为此甘愿留级一年。

我认为不经过自身付出巨大努力学到的东西，很快会被遗忘，学习和研究上，没有什么捷径可言。我因材施教，给每个学生的前进过程中设置各种程度的障碍，这也是希望他们在克服障碍的过程中得到锻炼成长，学会独立思考和处理问题。

学生们把他们的各种变化，称为“陈文权效果”。下面是大内所体会到的“陈文权效果”。

大内写道：“如果在学校没有见到我，或者我会议迟到，陈文权教授就马上打电话过来。除了开例会之外，研究室里还有很多杂七杂八的事情，几乎每天都要去研究室。很多大学生认为学习不用太努力，拿到大学毕业证，找到一份工作就行。可陈教授不这样想，他想方设法把学生的精力都集中到学习上来，对于学生付出的哪怕是极其微小的努力都会给予十分中肯的称赞。即使自己觉得没有自信，受到陈教授的鼓励，边做边学就上手了。‘有志者事竟成’，自信心增强了，做事情往往会更加努力。我曾经多次想退学，但每当想到陈教授对自己成绩认可的时候，不知不觉地又回到陈教授研究室，而且尽量干得比预期目标还好。到目前为止的人生中，我从来没有如此为学习与研究花费这么多时间，从早到晚，连周末也到研究室学习，有时甚至觉得三班倒的护士工作更轻松。

“我自以为在护士工作方面很有经验，而且在护理学校当过讲师，有点自高自大。但来到桐荫横滨大学读研究生，遇到了真正培养我自信并鞭策我不断前进的陈教授，使我改掉了自大的毛病。我想将这些变化称为我的‘陈文权效果’。”

研究生生活结束，实现梦想

做护理教员是大内的梦想。大内有护士资格证和护士临床经验，现在又具备了护理学科和信息处理学科的知识，她梦想有朝一日能担任护理教员，教实用护理信息学！一天，大内来到研究室请我写求职推荐信，我欣然同意。1998年春天，大内被栃木县国际医疗福利大学聘为护理教员，真是美梦成真！

大内这样写道：“我作为教师和研究者还很不成熟，一切都要从零开始，不断增强自己的实力。陈教授曾经说过，老师传授知识理所当然，关键是如何使人成长，发掘出他的潜力。我能够进入陈教授研究室真是三生有幸。陈教授帮我克服了重重阻碍，使我获得了人格的成长与进步。

“我想寄语大家，一定要拥有梦想与希望。而且，不管面临多大的阻碍，都不要逃避或放弃。在束手无策的时候，要试着改变想法，换个角度思考问题。世上无难事，只怕有心人，有坚定的信念，就一定会成功。

“作为护理教员，我也有终极目标。就像陈教授如何对待我一样，我要帮助我的学生去实现他们的梦想。我的目标是传播陈文权教育法。”

回想两年以来，大内章子克服了骄傲自大的毛病，努力学习专业英文，下功夫准备每次的发表，克服重重困难，七次摔倒，八次爬起来，终于从一名护士长成长为国际医疗福利大学的护理教员。看到她一步步地成长，我十分骄傲和欣慰。正所谓“精诚所至，金石为开”。

第十章

感动与爱心是教育的最高境界

1 “教学神人”陈文权

陈文权教授在其办公室内接受中新网专访　　王健　摄

陈文权撰写的部分有关教育的著述　　王健　摄

中新网东京 10 月 14 日电（记者 王健）在日印尼华裔教授陈文权，因其二十多年来在不同高校的教学中，每每将“朽木不可雕”式的学生或毫无学习动力的学生神奇地调教成大器之才，及其几无疏漏的教学成功率，而被诸多同行视为“教学神人”，并多次在日本的主流报刊登场“说法”。“陈文权教育法”也随之成为此间大学教坛的成功范例。

从日本媒体的相关报道，以及陈文权的多部教学著述中，可以看到其身体力行的“陈文权教育法”造就的一个又一个神奇例子：

——末流大学几乎留级的“差生”，修了陈文权的课后不仅登上国际学术会议讲坛，申请了个人专利，之后更成为著名作曲家和音乐制作人。

——父亲是学界精英而自己只有中学文凭的年近八旬老翁，接受了陈文权的论述后热泪盈眶突然奋发，考进大学攻读法律，并立誓要拿博士。

——英语几乎一窍不通，中年攻读研究生却由于基础太差且资质愚钝的公认“问题学生”，在陈文权的“激励式教育”下，最终成为毕业论文头名。

……

陈文权的“神奇”还远不止于教学方面。早年被迫高中辍学的他，23 岁只身赴日留学，26 岁考入日本的大学，在几乎不被任何人看好的情形下，居然成为另类“学霸”，接连获得包括工学、医学、药学和教育学在内的四个博士学位，并在日、美先后涉猎研究专业数十个，皆获可观成果，手握上百项专利，荣获三个院士称号。他目前的身份，则是日本百年名校早稻田大学的国际交流研究科教授、临床教育科学研究所所长。

陈文权告诉记者，最初有日本人将其形容为“当今孔子式的人物”，甚至他中学时代的恩师，也在印尼报纸上撰文称其为“孔子教育思想的成功实践者”时，确实令他吃惊不小。因为作为华裔，他当然自小就知道孔子有多么了不起，然而在这之前，其实并未真正接触过孔子的著作。被别人作此一比之后，才认真拜读了孔子的《论语》等著述。而令他感到惊奇的是，他此前在教学实践中反复摸索并实施的一套被日本同行叹为“神奇”的方法手段及其原理，竟与孔子两千多年前提倡的教学精神如此相通，比如有教无类，比如因材施教，比如教不严，师之惰，比如性相近，习相远，比如学而不思则罔，比如仁者爱人，比如尊师重道，比如温故而知新，比如不愤不启，不悱不发，等等，都在他自己的教学成功实例中每每获得印证。

他感叹，孔子实在是太伟大了，而肯定是因为自己身上流淌着中华民族的血液，有着中华悠久文明的基因传承，才会出现这种“无师自通”的奇事。在这之后，他更主动地融会应用孔子学说的智慧精华，也不断对孔子教育精神有新的体悟和叹服。

陈文权注意到，习近平主席前不久出席了纪念孔子诞辰 2565 周年国际学术研讨会开幕式并发表讲话，肯定了孔子创立的儒家学说对中华文明产生的深刻影响，及其对人类文明进步的重大贡献。他认为，这说明中国领导人对孔子学说的价值与意义有着充分的认识。

他感叹，从他个人的亲身教学体验，以及了解到的情况，现如今的教育，存在着过于功利化的弊端。而孔子的学说，可以对其形成有效的弥补。

作为一名漂流海外的炎黄子孙，陈文权对中国的教育事业一直有所关注，而让他真正动了要身体力行地为中国的教育做些事情的念头的，则是他已故中学恩师彭连长老师十多年前的一席肺腑之言。他至今记得，彭老师说："文权，你在日本实践的教育法非常成功，在印尼也得到了高度关注。作为华人，你将来一定要把你的教育法也介绍给中国，开办中国网站，去各地演讲，而且一定要用中文出版书籍，让中国人能了解并得益。"

这些年来，陈文权一直按着恩师的教诲，关注考虑中国教育界的现象和问题，并经常前往中国，去各地大学讲授其独特的教学理论，获得不错的反响。并终于在2013年由清华大学出版社出版了他的中文专著《宽厚与大爱——点石成金的陈文权教育法》。

陈文权对记者说，他在日本的大学教育实践中遭遇的不少问题，比如多数学生缺乏学习意欲或丧失自信心，比如分数业绩至上，比如大学因经济考量而过度扩招，比如教师过分重视功利等，其实也都在目前中国的教育领域里出现了，当然也包括所谓的年轻人"啃老"现象。如何克服这些问题，首先需要像孔子所说的仁者爱人，即从事教育的不能太势利，一定要爱这个职业，要靠心灵，要有大爱。就是说，光教书不育人不行。教育最重要的是要教“心”。教师是人类灵魂的工程师。

除了爱心之外，感动也应该是教育中的最高境界。所以陈文权专门出书论述过“感动教育”。他对记者说，感动应该是一个人最高的一种感觉，是无法控制的。即便在想法上接受不了，但身体接受了，心灵接受了，所以你就会去考虑、改变自己，在这个事实面前，我想没有比运用“感动教育”更为直接有效的。其实，到头来师生一定要“心贴心”。教育离开了这个，我看是不行的。

问及陈文权最近在教学领域又有何新的研究和发现，他有些出人意料地回答说，正在研究学生的“睡觉问题”。他解释说，他发现一般大学课堂上往往会出现约三分之一的“睡觉族”，其根源在于这些学生缺乏“做事的意欲”。为此，陈教授尝试采取的方法是与学生讲“默契”。他说，日语里没这个词，只有“默认”，但中文里有。“我为此专门做了几次演讲，认为教育中十分需要‘默契’，就是‘成年人之间的约定’。我试着先和学生约法三章，比如你迟到了十分钟，我就当你是缺席，但是你还有权利坐下来听。但如果十次连续迟到，哪怕你再聪明，对不起，请走人，因为你对自己没有控制能力，你再聪明也没有用，这是我的原则。我就是用这样的方法，‘成年人之间的约定’。这个方法比较管用。”

我的小故事

我的第二故乡——美丽的印度尼西亚泗水市

自一千多年以前起，陆续有一些中国人为生活所迫，背井离乡到南洋各地谋求发展。我的父亲也是这其中的一员，他在十八岁时来到印度尼西亚谋生，侨居泗水市，并于1951年生下了我。

印度尼西亚位于中国之南，印度之东。中国人称为“东南亚”的国家之一，其东北面是菲律宾群岛，西面是印度支那半岛，这之间是印度尼西亚和新加坡。印度尼西亚是个名副其实的岛国，由一万七千多个岛组成。其东西长度比美国大陆的横向跨度还要长。

印度尼西亚大约有两亿五千万人口，自然环境和新加坡相似，风景秀丽，花香袭人，深受各国人士喜爱。在爪哇岛的东边，有一个名闻世界的观光地——巴厘岛。此处四面环海，鲜花绿叶遍布各处，绚丽动人，到处洋溢着南洋风情。这里和印尼其他地方一样盛产水果，榴梿、阳桃、龙眼、荔枝、莲雾等应有尽有，物美价廉，每年到此地游玩度假的外国人络绎不绝。

我的出生地是一个叫泗水市的城市，也称英雄城。它位于爪哇岛的东边，是印尼第二大城市。远在荷兰殖民地统治时代，雅加达是印尼的政治中心，而泗水则是经济中心。但近几十年这种情况发生了变化，国际上投资于雅加达的企业年年增加，已取代了泗水的经济地位。但是该地的华人街可以与美国的华人街以及日本横滨等地的中华街媲美。它为客居他乡的华人提供了一个心灵休憩的港湾。

泗水的华人街热闹非凡，店铺、楼房鳞次栉比，在饭店里可以品尝到各地风味佳肴，有福建菜、广东菜、客家菜等。除此之外，街上还云集了销售上百种具有独特传统风味的小吃摊子。闻名遐迩的北京烤鸭、广东烤猪、红烧熊掌和地方的特色小吃，都吸引了大量的国内外游客。但是，此地美中不足的是各种招牌和广告均是以印尼文书写，而非汉字。每每回想起这件事情，我都百感交集，悲愤难挡。

20 世纪 60 年代初开始，以印尼陆军为中心的反共势力和印尼内外的共产党之间，紧张关系逐渐升温。这种针锋相对的状况一直持续到1965年，并最终爆发了“9·30”事件（当时我还是一个高中一年级的学生）。“9·30”事件发生之后，印尼和中国的外交关系破裂，因此支持中国的华侨就陷入了更加困难的境地。

中国文化在印尼一直受到限制。“9·30”事件以后，印尼政府实施了彻底的同化政策，妄图把中国文化这棵树连根拔起。1966年，印尼全国667所华侨中小学都被迫关闭，中文报也被查封，仅仅只有政府发行的以印尼语出刊的所谓汉字报得到保留。当时，汉语的书刊杂志和枪剑麻药均被禁止。敏感时期，只要是汉语书刊，都被当作企图颠覆国家的危险物遭到查封。现代版的“焚书”频频上演。与侨校、侨报并列的侨社三宝之一的同乡会，因是华侨集团组织而遭强行关闭。只有庙里的汉字为表现当政者的慈悲和宽宏大量而被保留了下来。

对华侨实行恐怖镇压的政府于1998年垮台。之后，印尼政府逐渐向民主化转变。1999年，中国文化得到解禁，汉语教育也逐渐复苏。但是，也只是作为一门外语选修课被提上日常课程。我不幸生逢这样政局动荡的乱世年代，被剥夺了上大学的机会。

教学的起点——“赤脚教师”的体验

印度尼西亚和日本一样也是注重学历的社会。没有良好的学校背景，就意味着会丧失就职好岗位的机会。所以，许多父母即便要承担高额的教育费用，也还是尽力让自己的孩子进入有名的大学学习。

在当时的年代，印度尼西亚贫富差距很大，毕业率很低。执行义务教育的小学毕业率只有60%，更别提初中教育了。村里的很多孩子因迫于生计不得不辍学。除此之外，再加之许多父母对孩子的教育问题不够重视，辍学务农的孩子非常多。但是，也有人家虽然经济不宽裕，却仍然希望孩子求学。

当时，介于我是华人身份，所以别无选择只能去华侨学校学习。但是我顺利地进入了初中，并且得以毕业。之后，我就义务教这些孩子印度尼西亚语、数学和英语。

我16岁以后的6年间，就一直在爪哇岛东部的小村子里度过。我和志同道合的友人一起，对村里失学的孩子们进行义务教育。回想起来，这竟然成为我后来从事教育工作的起点。

但是，我们的义务教育活动在执行的过程中遇到了诸多困难。首先是没有得到家长的支持。当时，因为对于一贫如洗的家庭来说，达到学龄的孩子可以成为父母的重要帮手为家庭谋求生计，所以很多家长对孩子的教育问题根本不予支持，他们更想让孩子们帮忙干活并挣钱。并且，之前和我一起踌躇满志而来的友人们，也在之后的活动中逐渐对教学奉献活动产生疑问，一个个相继而去。但我始终没有因此而放弃，我决定即便是我一个人单干，也不能丢下可爱的孩子们不管。

对于统治者来说，教育也许是他们教化愚民的工具，但我始终认定教育是最好的脱贫方法。因为我从被压迫的人群中走出来，所以我对于当地孩子生活的苦难感同身受。也正因如此，我非常明白，创造孩子们崭新的将来，最重要的就是学习。作为印尼华人，为了繁荣这个生我养我的地方，为了解放贫困中的孩子，我计划并切实开展了中文与印尼语的教学。

那么，怎样才能说服村里固执的人们？怎样才能让孩子们真正敞开心扉呢？为了孩子们的将来我又能做点什么呢？在我年轻的思想中，这样的想法越来越强烈。虽然时常困惑，但是一种强烈的使命感一直支撑着我全力以赴。

率先垂范，以诚释疑

但是，起初因为我只注重单方面的授课教学而忽略了孩子们的真实想法，他们并不愿意敞开心扉接受我。我也曾因此多次问自己：“究竟要怎样做才能博得他们的信任呢？”

但是我始终坚信“精诚所至，金石为开”。之后，我开始在课余时和他们一起劳动，打水洗衣服，就这样我们的关系慢慢得变得非常亲密。并且，之后有孩子慢慢开始向我敞开心扉，诉说他们的烦恼。就这样，信赖的种子慢慢生根发芽。某天，一个孩子对我说；“我想学习，但是印尼语的读和写我都不会，这可如何是好呢？”我听到这话异常震惊。

于是，我当即下定决心开始亲手编写教材。由于印尼语是标准的“人造语言”，而孩子们的理解力也参差不齐，所以编写合适的教科书既费时又费力。但我始终没有忘记对孩子们的承诺，从不敢懈怠，我根据学生的水平编写了不同级别的识字图画本和教科书。也就是那个时候我发现了教学的乐趣，并立志将来成为一名教师。我很欣慰孩子们对学习产生了兴趣，并感受着其中的快乐。看着从前根本不正眼看我一下的孩子们，眼里闪烁着的光芒，我感到非常高兴。就这样，我教了孩子们 6 年时间，刚好完成了小学教育。

同时，我的所作所为不仅影响了孩子，也彻底感化了他们的父母。一位孩子的父亲看到我做的事情对我说道：“你干得不错！为了孩子们做了这么多努力。为了教好他们，你一定下了很多功夫吧。年轻人，你真让我佩服！好老师啊。”

这位父亲有7个孩子，并且都是我的学生。当他最小的孩子出生时候妻子不幸去世了，从此他就每天通过酗酒来打发无聊的时间。他最初很反感我的教学，认为这是多余，也不屑于和我说话，而现如今他竟然对我说了这样的话。所以，这本身就是对我的工作的莫大认可和鼓励。之后他还告诉我说，他原来也是学校的教师。虽然之前他很讨厌我，但也一直在默默关注着我的工作。

从那以后，我和这位父亲之间有了更多的交流。虽然有时他还是一副不以为然的样子，但是已经慢慢开始走出了人生的低谷。不久之后，他就开始工作，并作为特别教师参加到我的教学活动中来。这件事情再次深深地触动了我。因为我对孩子们所做的努力并没有白费，甚至是把大人们都感动了。

精诚所至，金石为开。我再次明白，真心付出终究是可以打动别人的。这段特殊的人生体验，在我后来真正踏上教育和研究的道路上，时时激励着我永不放弃。

升学落空，乐观向前

高中毕业之后，我一边继续对孩子们进行义务教学，一边开始在哥哥经营的电子产品公司帮忙。我曾负责去新加坡，中国香港和台湾采购零部件的工作。由于客户的评价普遍较好，哥哥的公司日益发展壮大。但我始终反问自己，难道赚钱就是生活的全部意义吗？

就这样，在营销工作中，我终于决定要去学习电气机械技术知识。当我一天的工作结束之后就开始研究收音机、电视机和单放机等电器的修理技术。可是，虽说是学习，但因为当时印度尼西亚的教育制度尚未确立，所以还没有电气专业学校。别提老师了，就连技术说明书也很难找到。即使从美国和中国香港订购英文的说明书，也有些会在途中丢失，或是被在黑市贩卖。因此，身处这种特殊状况，我当时几乎完全是靠自学，一点一点慢慢完成进修。

困境中锻造出的反抗精神和乐观态度

我的乐观和反抗精神是我在印尼的华人生活经历中锻造出来的。那时候印度尼西亚处于民族独立统一黎明前的黑暗时期，再加之我的华人身份，我一生下来就处在被歧视遭压迫的地位。除此之外，因为这个国家本身的经济也极其贫弱，我从一出生就饱受困窘。但我始终在思考：我要怎么才能扭转这个不幸的局面呢？怎样才能摆脱困境呢？哪里才是我前进的方向？可行性又有多大呢？苦难就是我最好的大学。在这些痛苦的经历中，我逐渐产生了反抗精神。

我非常热爱学习。但是由于现实条件的限制，我只能暂时以教代学。然而，意外的是，教学相长，我也借此学到了很多书本以外的知识并受用终身。除此之外，更有价值的是我还找到了自己的希望。这正所谓“逆境中也有快乐”。

在“9・30”事件发生后，印尼当地人宣扬祈祷将能改变现状。但我明白那只是骗人的话。如果当时的我也每天叫苦不迭，那么我的人生就注定失败了。我相信只要怀抱希望，无论人处在什么样的逆境，凡事都是会有转机的。“人生中八成是劳累，两成是快乐”，这就是生活带给我的真实体验。如果能克服人生中的八成劳苦，就会得到两成的快乐。既然人生八成都是劳苦，那么我们为何不接受苦难，迎接考验，以苦为乐呢。

“9・30”事件迫害华人的暴力活动对于我简直就是一场一场的噩梦。但我坚强地接受这一事实，勇敢正视，并主动迎战挑战，在爪哇东部的乡间执着于我的教学。我一直坚信：无论遇到多么悲观的事情，都决不能悲观对待。一定要向前看，决不能退缩。只要坚持，就一定会开辟出一条光明的道路。“有志者事竟成。”这句话每日鼓励着我突破一切困境。

我对任何事情都乐观看待，积极向上，这就是我一贯的人生态度。这就是反抗精神的流露，它绝不是消极的思想和行动。相反，它是与乐观积极态度融为一体促使我前进的动力。就这样，“印尼华人”的身份所带来的种种不公和苦难，养成了我的反抗精神和积极进取的人生态度。那就是：

1. 人要吃苦耐劳。

2. 绝不半途而废，坚持奋斗。

3. 忍耐，绝不怨天尤人，乐观前进。

华人有一种思想叫作“落地生根”，即无论落在世界的哪个角落，都会努力地生存下来。说起来这竟是海洋民族的精神。日本渔民们中流传着这样一句话：“只靠一块木板也要在海里生存。”体现的也是这种生存的适应性。

我所生长的爪哇东部城市泗水，是一个自中世纪开始繁荣的国际贸易港，它也是一块充满国际色彩的土地。因此，生活在这个港口城市，我的国际视野得到了进一步拓展。侨居国和祖国的多语言情况也形成我语言方面的一大优势。这些国际化的背景、环境、语言都在无形之中，培养了我全球化的思维方式。所以，我坚信，在追求成功的过程中没有国境之分，也没有民族限定。“好！不管我到哪里，我都要站稳脚跟，开创我自己的天地。”

自此，具有反抗精神、乐观态度和国际化视野的我，最终离开了哥哥的公司，告别了我曾教过的那些可爱孩子，从此踏上征途，东渡日本。

实现憧憬已久的留日梦想

通过之前从事电器工作，我认识到日本科学技术的先进性，尤其是在电子领域里面，日本的索尼、日立、东芝等厂商拥有引领世界的先进技术。于是，从那时开始，我就对日本慢慢产生了憧憬。

1974年，我来到与东爪哇州结为姊妹城市的“大阪府”，开始学习日语。我计划在日本的大学深造电子工学，然后回到印尼开设这一领域的专业学校。那时候我23岁，按照日本惯例，已经是大学毕业生的年龄了。

我最初是抱着留学一年的打算来到日本的，但得知考试合格后就可以成为正规大学生时，我花了两年时间学习日语以圆我的大学梦，因为当时华人在印尼可以说没机会考进大学的。我在大阪时，有一位非常令我敬仰的林义久老先生曾教导我说：“既然来到日本，那就好好学习标准语，仅仅会大阪方言是不行的。”于是我便开始努力学习标准日本语。最终，我考入了当时在电子工学领域崭露头角的东京农工大学。当时留学生的入学考试非常严格，近30人中只有两个人通过入学考试。我清楚地记得那年是1977年，我终于成为一名大学生，而我已经是26岁的人了。

我虽然掌握了日常生活的交际日语，但初入学时，根本难以应对课堂学习。和我一起留学的另一位同学由于不能突破语言障碍和旅居海外的孤单寂寞，最终患上了神经病而被迫回国。我在心里默默暗示自己，“只有忍耐……”。虽然专业术语听得不是很明白，但我还是坚持坐在第一排，拼命地去理解课堂内容。我知道，如果这时候我放弃的话，那我的留学将会一无所获。所以在上课时，我时刻提醒自己要“忍耐”，并集中精神认真听讲。终于，在大三的某一天，无意之间我惊讶地发现自己已经可以正确地理解课堂内容了。

然而，不幸的是就在我快要从东京农工大学毕业的时候，印度尼西亚相继发生了火烧中国商店和公司的恶性事件，哥哥来信说已经无力支付我学费并要求我回国，我断然拒绝，坚持要实现我的愿望。但是，因为我当时是自费留学，而不是以日本援助资金和校方担保合同等方式的国费留学。这种无经济来源的不安让我寝食难安……

幸运的是，恰好这时，日本文部省确立了以自费留学生为对象的国际奖学金制度。由于我学习成绩较佳，顺利通过了审查并荣获了奖学金。也多亏奖学金的资助，我才得以顺利从东京农工大学毕业，并考入之后的东京工业大学。“皇天不负有心人”，1985 年，我终于在东京工业大学取得了我的第一个工学博士学位。

回想起来，我只不过是一个小小的收音机修理工出身，却拿到了博士学位。是“有志者事竟成”这句话一直激励着我向前。各位年轻人，如果你们也真正实践这句话的话，肯定会比我强得多！

即使取得双博士学位，依旧找工作处处碰壁

转眼间我到了 34 岁，来日求学已长达 11 年。在此之间，我虽然没有浪费时间一直专心扑在学习上，但毕业后的就业问题依旧十分残酷。虽然当时日本的经济蓬勃发展，我也持有一个博士学位，但是日本的企业和研究所没有地方会愿意雇用一个年龄将近 35 岁的外国人。

然而我并未因此而放弃希望，始终坚信“皇天不负有心人”“有志者事竟成”，所以我没有停止前进，继续寻找机会。我对自己说：“好，不行。那我就再努力取得一个博士学位，作为我战斗的利器和成功的资本……”我相信：机会不是靠等待得来的，而是需要自己主动出击，努力争取的。

之后，我没有为我的大龄而担忧，而是决定向保守的日本社会发起挑战。当时，我了解到工学在医疗的尖端领域有着广泛的应用，所以我尝试接下来从尖端医疗的角度来研究工学。在众多医校之中，我选择了仙台的东北大学，这是因为其医学部的前身是仙台医专，即中国近代著名的文学家、小说家、文化斗士鲁迅年轻时求学的地方。

1988年，我又成功取得了医学博士学位。我心想有了两个博士学位，应该可以在日本找到一个可以让我发挥一技之长的研究所或大学吧。可是，不料现实并非我所想的那样，我依旧处处碰壁，找不到工作。

之后，好不容易经一位老师推荐，我获得了申请某大学讲师的资格。在提交个人资料的前一天晚上，我既紧张又兴奋，以至于整晚难以入睡，半夜爬起来将已经完成的资料重新修改了一遍。第二天早晨我起得非常早，第一个去参加面试。然而，面试官并没把我当面试者对待。我难以接受这种结果，便直截了当地询问："可以告诉我拒绝阅读我的资料的理由吗？"介绍人从里面走出来，跟我说，"Soetanto，还是不要提交材料了，一个东南亚的人教日本人，实在是太可笑了。"

他的话对于我来说简直是晴天霹雳，我听后既难过又愤慨，泪水在眼里直打转……当年，我被日本的先进技术所吸引，怀着憧憬远渡重洋赴日留学，只希望最终学有所成，可以找到一份理想的工作，但结果竟是这样。悲伤，愤懑……日本怎么竟然如此保守，盲目排外呢？招聘的人接下来又说："教印尼语怎么样呢？"他们无视我的研究业绩，而是让我教印度尼西亚语，这个只要是印度尼西亚人就都可以胜任的工作。我感到这是对我莫大的侮辱。所以，我当即便斩钉截铁地拒绝了。

在印度尼西亚我是华人，在日本我是东南亚人，但如果我是白人的话，还会落到今天这个地步吗？为了求学，在日本度过了 14 年，心中无比失望。后来，一位随父亲“归国”的友人告诉我，20 世纪 60 年代的日本社会排斥外来人比当时更为严重，他兄妹欲在埼玉县购置房屋，而当地民警却告诉房地产老板：“不许卖给外国人”。“那么，父亲是日本人又如何呢？”“也不行……”看到这些摆在面前的现实，我明白，我这个印尼的华侨遭到今天的不平等待遇，也是日本国民排外心理的真实反映，他们所谓的国际友好交流只不过是空谈罢了。

此处不留爷，自有留爷处。美国事业如日中天！

虽然我在日本屡遭拒绝，我想这么多年寒窗苦读，总不能白白浪费。印尼不行就去日本，日本不行还有美国。所以，在一片反对声中我还是毅然决然地独自去美国开辟新天地。

1988 年 5 月，我抵达美国。在首次参加的美国学会上，很幸运有位超声波医疗诊断装置领域的泰斗级教授看中了我，并答应推荐我入美国某大学任职。就在那年，我当上了美国大学的研究助理教授。1991 年春天，我又成为德雷塞尔大学的工学部研究准教授。

同年夏天我又再次成为托马斯杰斐逊医科大学医学部的兼任准教授并得到了美国国家卫生健康研究所研究基金的奖励，获得了100万美元的研究经费。不久，我还获得了美国超声波学会奖和美国音声学会奖等。我在美国的工作和研究一帆风顺，如日中天。我想，我在美国成就的一切业绩都源于我的反抗精神、乐观态度，国际性的灵活思维和开阔视野。

让日本青年走进历史，正视历史

就在我顺风顺水，本想大干一场更上一层的时候。突然接到日本恩师奥岛基良教授的来电。老师说："Soetanto，回来吧！"我当时没有马上答复，而是经过了反复的思考。可是，恩师的话一直在我耳边回响："回到日本来吧！回来吧！"

以前在日本的时候，我曾因是印尼华人而屡遭排斥，即便是这样，日本毕竟沉淀了我太多的回忆，我总是会忍不住怀念。除此之外，我认为日本社会的一些地方也有待去改变，我觉得自己有义务为实现日本的改变而付出微薄之力。

我认为日本应该吸取"二战"的教训，并真心反省。反法西斯战争已经过去了数十年，生活在和平时期的日本年轻人早已忘却了过去中国及亚洲其他国家人民所遭遇的沉重苦难，甚至无视军国主义战争对中国及亚洲多国所进行的屠杀和蹂躏。我认为现如今日本的历史教育有意在逃避当年犯下的沉重罪孽。

为了亚洲的共同的繁荣，日本必须走到正确的历史轨道上来。我觉得自己有良知、有义务通过教育去揭开一幕幕残酷的历史事实，让日本青年明白真实的历史，并树立正确的历史观。除此之外，我的侨居地——印度尼西亚的脱贫和发展也同样需要日本、中国等国的支持和帮助。因此，我对日本促进亚洲发展的宏伟目标始终抱有很大的期待。

就这样，1993 年 2 月我来到了横滨。每每在我陷入困境之时，身边总有日本老师和友人支持。所以，我深深感激他们给予我的帮助和鼓励，我大阪的日本养父林义久老先生、东京工业大学的奥岛基良老师，以及东北大学医学部的田中元直老师。

印尼人Kawan Soetanto苏丹都和华人陈文权

时间没有冲淡我的记忆，经过无数的磨炼和冲击，往昔辛酸的眼泪反而像是荷叶上的露珠，越加晶莹剔透。 无论是快乐的，还是悲伤的、恐惧的，所有的往事都时常浮现在我脑海里。

记得我10年前在横滨执教时，有时会利用星期天或假日携带一家老小去横滨中华街吃一顿丰富的中餐和晚餐，拜拜关帝庙，逛逛那里的大街小巷。每次来到这里，一家人总是无比快乐，当时中华街就是我们一家人心目中的圣地。但是，每当我独自一人坐在中华街的茶馆里休息时，这里的文化气息总会触动我心中的回忆，让我仿佛又回到了侨居印尼时的梦幻童年：我无比快乐地和哥哥姐姐们一起跟随着父母从泗水市过河到对岸的中华街去大快朵颐的情景……我好像又看到了母亲在寺庙神像前弯腰敬香的背影，她老人家口中喃喃的话语至今仍在我耳边萦绕。蓦然回首，45年已经过去了。现如今我又再次返回日本任教，每每想到这些，不由得总会感叹，人生的命运真是难以捉摸啊。

自1988年到1993年5年之中，我在美国曾走过一二十个城市，并认识了数以百计的美国学者和科学家。他们都知道我是华人，对我和我的家人都非常尊敬和友好。我也曾搬过几次家，我们的房东都特别喜欢中国人，他们都很乐意把房子租给中国人。

我认为中华民族是一个很优秀的民族。原早稻田大学校长白井克彦博士不只一次跟我说过："我很荣幸自己生在中国东北。中国人的聪明、忍耐力、勤勉等都不是别的民族可以取代的……"校长的话虽有点过奖，但这不无道理，身为少数在日的华人，跻身于有歧视的日本社会中，大部分人都遭受过压力和排挤。但是，只要守法、勤奋努力、一忍再忍，还是会有从草昧洪荒中走出来的。

身为印尼华人，我因为时代的限制来日留学，然后又辗转美国从事研究，最终又再次返回日本执教。但是，无论在哪里，无论何时，我从未忘记过自己是华人的身份，也从没有偏离过亚洲这个视角，同样也始终热爱并实践着我的教育科研。

前不久，印度尼西亚的各主流报纸和杂志、华文报纸，国际日报上大篇幅地登载了我在日本的教育事迹：“Soetanto旋风，改革日本教育现状。”“Soetanto 教授采用‘感动法’进行教育。”我真的没有想到我的教育实践会产生如此强烈反响，甚至还被人命名为“感动教育法”“感动法”“陈文权法”等，日语即是“スタント教育”“スタント效果”。

现在再度回想起我在侨居国印度尼西亚的义务教学经历，真是让我感慨万千。印度尼西亚曾经一度禁止华文报纸，但是有篇报道把我的中文名字“陈文权”正式刊登在报纸上，这让我不禁有种恍若隔世的感觉。终于可以用“陈文权”这个名字了，我的心中充满了喜悦和自豪。

我们中华民族虽然是一个久经劫难而颠扑不破的民族，我们中华大地是一个饱经忧患却光芒万丈的大地。自改革开放以来，中国在各行各业已经取得了巨大的成绩，中国的发展壮大是中国十四亿人之福，也是千千万万心系祖国的华人华侨之福。我们每走一步都是和祖国命运紧紧相连的。我作为炎黄子孙感到无比自豪和骄傲。我衷心地热爱伟大的祖国，也热爱我的侨居地印度尼西亚和日本。

从“利己”到“利他”，致力于他人实现

40年前我从印尼来到日本留学，不知道日本有奖学金制度，做梦也想不到我26岁时有机会迈入日本的大学门槛，还先后取得了四个博士学位，在日本最知名的私立大学，给来自世界各地的优秀年轻人传授知识技能，讲述我的理念和人生故事。我首先感谢先祖，作为炎黄子孙，我血脉里流淌着中华民族的血液，我为中国悠久灿烂的文化感到自豪，为巨龙的腾飞而骄傲。我还要感谢祖国印尼，这片生我养我的地方。再则，我感谢日本多年的培育之恩。最后，我感谢美国，为我提供发挥才能、实现梦想的地方。

人生四季，春华秋实。在我的人生道路上，有遍布的荆棘，也有芳香的玫瑰。我吃过许多苦头，受过各种磨难，经历了千锤百炼，然而，我也领悟到了幸福的真谛和人生的意义。

我少年时家里穷苦，吃不饱穿不暖，还得忍受继母的家庭暴力。我不懂念书有什么用，学习成绩不好，有时遭受体罚。比起待在家里忍受继母的咒骂，我情愿大清早就背着书包去学校。闲来无事，我就打扫教室，大家看在眼里，于是，欺负过我的同学对我的态度有了转变，一向严厉的班主任彭老师还把我大大地表扬了一番。从那以后，我对打扫卫生、做好事更是乐此不疲。我发现如果学习好，可以帮助其他同学。于是开始拼命学习，还被大家选为学习委员。通过帮助同学，我的成绩也越来越好，我体会到学习和助人为乐的双重快乐。但好景不长，高一刚上了三个月，印尼就发生了骇人听闻的“9・30”事件，近700所华人中小学校全被关闭，我从此辍学回家。想到失学的华人孩子，连小学也没有机会上，觉得他们十分可怜。于是我便一家一户上门家访，说服他们的父母让我给失学华人孩子补课。我把他们编成几组，动手编写孩子们感兴趣又易于理解的课本。就这样一边帮助哥哥经营他的电器商店，一边义务教课。哥哥的牛意越做越大，我考虑去日本学习先进的电子技术，然后回国开办电子专业学校，创造机会让更多人通过知识改变命运。这6年的补课体验，成为我之后从事教育工作的起点。

尽管我命运坎坷，但是我一直把“利他”当作行为准则。有时被大家戏称“老好人”，还告诫我：“这样下去，你会吃亏的呀！”我认为事物都有两面性，得与失并不是一成不变。俗话说“吃亏是福”。我生长的环境充满了贫困与歧视，那是现在的年轻人想都想不到的残酷环境。正因如此，能活着，能学习，这些大家看来唾手可得，极为平常的事情，在我看来已经是至高无上的幸福。

外部环境发生着巨大变化。不改变思维方式，就无法适应世界潮流。我认为，无论中国还是日本，都需要真正的领袖型人才。所谓领袖型的人才，就是前面提到过的不以自我为中心，关心他人，并能以自己的精神力量感染周围的人，把积极向上的精神力量传递给他人的那种人。

可是现实生活中，家长不由分说，给孩子设定一个又一个云里雾里的大目标，逼迫他们跳进竞争的洪流。家长一心想着大树底下好乘凉，让孩子进好学校，毕业后进大企业，这辈子就可以高枕无忧，一生安泰。这样的想法其实很保守，导致孩子失去自己的兴趣爱好，对强加给自己的远大目标心怀疑虑，始终找不到自己的人生道路，十分苦恼压抑。我的学生中这样的就大有人在。在当今的背景下，大学连接着家庭与社会，应当承担起新的历史使命。

时代赋予了大学培养领袖型人才这个重要的使命。身为一名大学教授，我想向学生传达的信息是：不要总想着“利己”，要实践“利他”。利他，是我身体中喷涌而出无法抑制的信念，是幸福的源泉。

“舍得”指“有舍有得”，印度尼西亚也有“中了彩票不要忘记施舍”的说法。成绩好的人也会突然想不通上大学的意义，毕业后又觉得英雄无用武之地。也许正因如此，才需要老师引导其发挥潜能，从个人成功上升为集团成功，使个人能力得到最大发挥，使更多人受益。

动力，进取心，上进心也是如此。不仅要提高修养，独善其身，而且要把这份激情传达给身边的人，使知识技能发挥更大功效。

这本书中我所说的“动力”仍处于临床教育心理学的研究阶段，理论和数据还不够充分。作为一名学者，我准备把此课题研究不断深入下去。

如果本书的读者多少能从其中被激励和鼓舞，不但“自我实现”，还能实践“利他”，即帮助他人的“自我实现”，那么您就找到了通往人生幸福的大门，这便是我莫大的幸福与期待。

Soetanto Method：The Golden Touch
宽厚与大爱
点石成金的陈文权教育法
Ken Soetanto
陈文权 编著
培养强韧的"芯"
"运用糖果和教鞭到极致"
"不善于学习的学生"
"让所谓失败者走向成功"
感动教育、感悟人生
拥有梦想、永不放弃
精诚所至、金石为开
清华大学出版社

Ken Kawan Soetanto
カワン・スタント著
感動教育
ヤル気のない学生がみるみる
「爆発」する奇跡のスタント・メソッド
Touching Education
「キミたちはこの先
どうやって生きていくのか?」
—本文より
真のリーダーを育てる対話法が、
教室を爆発させる!